高校思想政治教育中传统文化的价值研究

岳东起　著

北京工业大学出版社

图书在版编目（CIP）数据

高校思想政治教育中传统文化的价值研究 / 岳东起
著．— 北京 ：北京工业大学出版社，2020.7（2021.5 重印）
ISBN 978-7-5639-7571-6

Ⅰ．①高… Ⅱ．①岳… Ⅲ．①高等学校－思想政治教
育－研究－中国 Ⅳ．① G641

中国版本图书馆 CIP 数据核字（2020）第 179920 号

高校思想政治教育中传统文化的价值研究

GAOXIAO SIXIANG ZHENGZHI JIAOYU ZHONG CHUANTONG WENHUA DE JIAZHI YANJIU

著　　者： 岳东起
责任编辑： 郭志霄
封面设计： 点墨轩阁
出版发行： 北京工业大学出版社
　　　　　　（北京市朝阳区平乐园 100 号　邮编：100124）
　　　　　　010-67391722（传真）　　bgdcbs@sina.com
经销单位： 全国各地新华书店
承印单位： 三河市明华印务有限公司
开　　本： 710 毫米 ×1000 毫米　1/16
印　　张： 10
字　　数： 220 千字
版　　次： 2020 年 7 月第 1 版
印　　次： 2021 年 5 月第 2 次印刷
标准书号： ISBN 978-7-5639-7571-6
定　　价： 58.00 元

前　言

　　我国有着悠久的历史和灿烂的文化,那些传承至今的优秀文化还在当今社会发挥着积极的作用。我国的传统文化十分重视对人道德的培养,因此,其也能够为高校思想政治教育的发展起到一定的推动作用。本书主要对传统文化的思想政治教育价值进行研究,首先对传统文化的相关概念进行阐释,其次对传统文化与思想政治教育的关系和价值进行研究,并以儒家文化为例分析传统文化对高校思想政治教育的启示,最后对高校思想政治教育中传统文化融入的现状进行分析,并给出使传统文化实现思想政治教育价值的对策。

　　全书共五章。第一章为中国传统文化概述,主要阐述中国传统文化的定义、中国传统文化的特质和精神以及中国传统文化的现代解读等内容;第二章为中国传统文化与思想政治教育的关系和价值,主要阐述中国传统文化与思想政治教育的关系、中国传统文化对高校思想政治教育的意义以及中国传统文化在高校思想政治教育中的价值等内容;第三章为儒家文化对高校思想政治教育的启示,主要内容为儒家文化概述、儒家文化的教育价值以及儒家文化对高校思想政治教育的启示等;第四章为文化视角下的高校思想政治教育分析,主要阐述高校思想政治教育中传统文化缺失的原因、传统文化融入高校思想政治教育的可能性与必然性分析以及传统文化融入高校思想政治教育的现状分析等内容;第五章为传统文化在高校思想政治教育中的价值实现,主要阐述加强高校思想政治教育理论课中传统文化的建设、提升高校思想政治教师的传统文化素养、在校园文化与社会实践中渗透传统文化、充分利用媒体手段促进传统文化与高校思想政治的融合等内容。

　　为了确保研究内容的丰富性和多样性,笔者在写作过程中参考了大量的研究资料,在此向涉及的专家学者表示衷心的感谢。

　　最后,由于笔者水平的不足,加之时间仓促,本书难免存在一些疏漏之处,望读者朋友不吝赐教!

目　录

第一章　中国传统文化概述

中国传统文化是中华文明不断向前发展的重要推动力，是民族历史上各种文化思想、精神观念形态的总体。本章主要包括中国传统文化的定义、中国传统文化的特质和精神、中国传统文化的现代解读三部分。主要内容包括文化、传统文化与中国传统文化，中国优秀传统文化，中国传统文化的特质，中国传统文化的基本精神，学习中国传统文化的当代意义，中国传统伦理道德在现代的扬弃、中国优秀传统文化的现代价值等方面。

第一节　中国传统文化的定义

一、文化、传统文化与中国传统文化

无论是学习中国传统文化还是西方古典文化，首先应该弄清楚什么是文化。当代学者对文化有着不同的界定和阐述，有人将文化区分为狭义和广义，有人将文化区分为物质和精神两个方面，其实随着人们对文化认识的不断扩展与深入，学者们从不同的角度与领域对文化提出了不同的解说，如西方的文化一词来源于拉丁文"cultural"，有土地耕作、动物饲养、神明崇拜及精神修养等含义。古罗马人西塞罗将古希腊文化中的精神理念继承并发扬，伴随着人类社会的巨大进步，直到 19 世纪，"文化"的概念真正成为学者们探讨的热点。文化学的奠基者、英国著名的人类学家泰勒在他的《原始文化》一书中认为，文化是复杂而又多元的整体，包含了知识、信仰、道德、艺术等各个方面，并且包括人类在社会中获得的一切能力与习惯。而中国的古代典籍对文化也早有阐述，"文化"二字起初是分开来的，《说文解字》中关于"文"的解释是这样的："文，错画也，象交文。"这就说明"文"的本意为交错的纹理，引申为"经天纬地"之意，这也是古代贤君多以"文"为谥号的主要原因。《尚书·舜典》解释"文

明"一词有注疏说:"经纬天地曰文。""化"本身指事物形态或性质的改变,后引申为教化,有教行迁善之意,表示行为衍变过程。直至西汉历史学家刘向将"文化"二字连在一起,他在《说苑·指武》中说:"文化不改,然后加诛。"这就说明"文化"一词,在中国古代本指"文治教化",是与武力征服相对的。《文选·补亡诗》中的"文化内辑,武功外悠"就是有力的说明。《周易·贲卦·象传》说的"观乎人文,以化成天下"是中国古代对文化的传统说法。直至近代西方文化传入并与中国文化相融合,中国近现代学者才开始在兼收并蓄的基础上对文化的概念进行自己的界定与探讨,而后来的晚辈学者也多是在整理总结前辈成果的基础上,提出自己的观点与看法。

传统文化是由传统、文化两个概念组合而成的。所谓"传统",指世代传承的、具有自身特点的社会历史因素,如逐代延续的思想道德、风俗习惯、文学艺术、制度规范等。在中国古代,传统的概念则更偏重于"传"的相传继续和"统"的世代相承的某种因素的整体含义。而传统文化的概念就是建立在以文化为合理内核,在历史环境中形成、演变、积累、沉淀并成型的,可以世代传承的、具有一定精神特质的民族文化上。因此,并不是所有历史上出现过的文化都可称为传统文化,而只有那些具有历史意义和现实价值、具有生命活力的文化,才能被保存并延续下来,这些具有重要价值、具有生命活力的经典文化被称为传统文化。简而言之,传统文化就是"人类社会历史发展的积淀并且渗透于民族整体意识和行为之中,世代传递、流动的最具生命力的文化"。无论西方国家还是中华大地,都有着自己辉煌而又灿烂的文化,这是每一个国家和民族的精神家园,是民族团结傲立的精神脊梁,是任何一个民族和国家都不能抛弃的瑰宝。

中国传统文化,也就是中华民族的传统文化,是根植于中华大地肥沃土壤之中,由居住在中国地域内中华民族及其祖先所创造的,在长期的历史发展过程中形成和发展起来,保留在中华民族之中具有稳定形态并能够团结增强民族凝聚力,由中华民族世代传承并影响整个社会历史进程的古典文化体系。中国传统文化是一种反映中华民族特质和炎黄子孙风貌的民族文化,它集合了中华民族历史上各种思想文化、观念形态的总体表征,具有鲜明的民族特色,是悠久历史、内涵高深的优秀文化。同时,中国传统文化还是中华民族几千年文明的结晶,其包罗万象、博大精深,以儒家为核心,兼有道家、佛家、法家等内涵,包括古文、诗词曲赋、音乐国画、书法曲艺等。总之,这一文化体系广泛地涵盖了中华大地上各种学说教义等精神文化和在不同历史时期所产生的优秀的物质文化。中国传统文化是历史的结晶,是具有旺盛生命力的。"传统文化所蕴含的、世代相传的思维方式、价值观念、行为准则，一方面具有浓厚的历史性、遗传性，另一方面又具有强烈的现实性、变异性，它无时无刻不在影响、制约着人们，为开创新文化提供历史的根据和现实的基础。"中国传统文化，是在世界文化中独树一帜的最悠久、最系统的文化之一，它有鲜明的独特性，不仅在推动中国社会历史发展过程中起了巨大的作用，而且对整个世界文化发展也产生了重大影响。

二、中国传统文化的类型

（一）依据地理环境

根据地理环境的不同，中国传统文化可分为河谷型、草原型、山岳型、海洋型，但以河谷型为主。

河谷型的突出特点是内聚力和容纳性强，草原型的流动性和外向性比较明显，山岳型的封闭性和排他性较为突出，海洋型则以开放性和冒险性为主。河谷型文化是一种以农业为主体的混合型文化，由于其自身的内聚力和容纳性，所以几千年来融合、同化了周围众多其他文化类型，并使其内涵逐渐丰富起来，最终成为中国传统文化的主要类型。

（二）依据生产方式

根据生产方式的不同，中国传统文化可分为农业文化、工商文化、游牧文化，但以农业文化为主。

中国传统文化孕育在一个农业宗法社会的母体之中，农业经济一直是中国古代社会的主干，长期的农耕生活使中国人形成了安土重迁、追求稳定和缺乏冒险精神的性格特征，甚至把工商贸易视为"末业"，因此，农业文化是中国传统文化的主要类型。

（三）依据哲学思想

根据哲学思想的不同，中国传统文化可分为儒家文化、道家文化和法家文化等。

中国传统文化的核心内容由多家思想共同构成，但儒家思想始终处于主导地位。在这一格局下，各家思想互通有无、互为关联，从而形成了中华民族共同的理想人格、价值观念和思维定式。

中国传统文化特别强调"德政"思想，强调道的德感化作用。在中国封建社会，道德人格在社会生活和政治生活中有着强大的影响，是一种比法律更为有效的手段。人们首先考虑的不是遵从国家法律，而是如何在错综复杂的人际关系中履行好道德伦理义务。因此，中国传统文化就是一种趋善求治的伦理政治型文化。

三、中国传统文化的环境与条件

（一）中国传统文化的地理环境及其影响

任何文化的生成与发展，总是在一定的地理环境下实现的，不同的地理环境是不同的文化类型出现和不同的文化特征形成的深厚物质基础。

中国地处亚洲东部、太平洋西岸。除东南及东部面向海洋外，东北、北部、西北、西部、西南皆与欧亚大陆连接，但却被河流、沙漠或高山峻岭所阻隔，形成了一个相对封闭的地理单元。因此，四周都有天然阻隔、相对封闭便成为中国地理的第一大特点。具体来说，中国西部有被称为亚洲中轴的帕米尔高原，它向四方伸延出几条大山脉，把亚洲分为东亚、西亚、南亚和北亚。这里有高山峻岭，山路崎岖，虽有一线可通，且汉代已开通了丝绸之路，然而这干寒荒凉之地，在古代是难以逾越的；中国西南有世界上最高的山脉喜马拉雅山脉，它是中国与南亚的天然分界，难以逾越。另外，西南的横断山脉及其江河、热带丛林也是中国与南亚、东南亚的天然阻隔；中国北部是广阔无垠的草原和沙漠，地势起伏不大，然而在中国古代，从贝加尔湖到外兴安岭一带因严寒等原因很少有人来往，因此形成了一个空间带；中国东部及东南是广阔的海岸线。唐宋以来，海上交通日渐发达，明代还有过郑和下西洋的壮举，然而，重农轻商、安土重迁的历史传统使中华民族没有向海洋发展。

中国自然地理环境对传统文化的影响是多方面的，其中主要表现在两个方面：一是文化的多样性与多元一体格局。中国古代形成了东南、中原以农耕为主，而西北以畜牧为主的人文生产景观。这与欧洲农牧相间、亦农亦牧的情况有很大的不同。同时，从南到北温度和干湿度的变化，使得淮河、秦岭以南的南方以稻作农业为主，淮河、秦岭以北至长城的北方以粟作农业为主，而长城以北则以游牧业为主。这些区域差别，在客观上构成了中国多民族共居、多种经济成分共立、多种文化类型并存的自然物质基础。二是文化的封闭性特点。中国古代一直缺乏对外开放、向外进取的条件和动力，封闭性大于开放性。相对优越的地理环境，加上古人们的勤劳智慧，使古代中国在西方近代文明兴起之前，长期处于优越地位，因而产生了"中华帝国，无求于人"的自我陶醉、自我封闭的观念。一面临海、三面环山的地理环境，使中国成为一个相对封闭的地理单元，因而中国古人便错误地认为自己生活在"四海"之内、"天下"之中。这种构想，产生了两方面的影响，正面的影响是增强了中国传统文化的向心力，使中国长期维持了大一统的局面并获得了不断的发展和壮大，负面的影响就是自我陶醉、自我封闭观念的蔓延。在古代中外交通史上，不避艰险、不远万里来到中国的各色外国人远远多于走出国门的中国人，甚至当西方人千方百计寻找通往中国的新航路时，自大的"中华帝国"却实行起了"闭关锁国"政策，就连早已开辟的陆海通道也弃置不用了。

（二）中国传统文化的经济基础

中国传统的经济形态是农耕经济，农业给古老的中华民族提供了基本的衣食之源，创造了相应的文化环境，同时还影响了中国传统的畜牧业、手工业和商业的发展。因此可以说，农业是中国传统文化最深厚的经济基础。

我国是世界上最早经营农业的国度之一，同时也是世界上出现的少数几个农业文明中心之一。关于我国农业的起源，史籍中有许多说法，有的说是神农氏发明了农业，有的说是烈山氏，有的说是炎帝之子，有的说是周人始祖，而司马迁则说农业为黄帝发明。目前考古证明，农业在一万年前新石器时代到来之际便已存在了，并不是某一两个英雄人物的功劳。大致说来，黄河中下游一带的远古居民是粟、黍等旱地农作物种植的发明者，而长江中下游一带的远古居民是水田作物种植的发明者。

在四五千年前，中国北部的气候发生了由温暖向凉爽的转变。受此影响，长城以北的农业人口纷纷向黄河中下游一带聚集，这就导致了长城以北地区的产业结构由原来以农耕为主变为以游牧为主，并由此形成了我国历史上长城以南的农耕经济和长城以北、以西的游牧经济的分野。

中国古代的农业生产取得了辉煌灿烂的成就，在数千年的历史进程中，一直保持着世界领先的地位。经过夏、商、周三代的经验积累，中国农业生产在春秋战国时期实现了一次较大的飞跃，主要表现在铁制农具的广泛使用、牛耕的推广、水利灌溉工程的大量兴修、耕地的大量垦辟和小农经济的出现等方面。秦汉时期，楼车的发明、代田法的推行及以铁犁为代表的生产工具的改进，大大提高了农业的生产效率，使得农耕区向西北方向扩展，而江淮地区、关中也出现了大大小小的灌溉区，该时期全国垦田面积达到 800 万顷，人口 5900 万。魏晋南北朝时期，北方战乱，大批人口南迁。南方农业水平迅速提高，长江以南、五岭以北的广大地区及巴蜀一带逐渐成为我国重要的农业区。隋唐时期，小国农业经济重心开始移向长江流域，长江中下游地区成为朝廷的主要财政来源地，正所谓"天下以江淮为同命"。宋元明清各朝，中国的农耕和养蚕重心一直在南方。南方的粮草通过大运河源源不断地运往北方。唐宋以来，棉花、花生、玉米、番薯等经济作物和高产作物不断地从世界各地引进。清末，中国人口已达4亿。正是古代辉煌的农业文明，才支撑了中国这一庞大的人口基数。

综观中国古代农业生产，可以看到以下特点：一是成就突出，起步早，水平高，发展稳定且从未中断；二是一家一户、分散经营的小农经济是中国古代农业生产的主要形式；三是精耕细作，农桑结合，粮棉结合，集约化程度高。

（三）中国传统文化的创造主体

中国传统文化的创造主体是以汉族为主的所有民族的人民，即中华民族，包括历史上延续至今的和已经消亡了的民族。

目前，中国考古学的成果已能粗略勾勒出我国远古人类进化的轮廓，即猿人，又称直立人，在我国发现有元谋人、蓝田人、北京人等，大约生活在距今170万年至10万年间；古人，又称早期智人，在我国发现有马坝人、长阳人、丁村人等，生活在距今10万年至4万年间；新人，又称晚期智人，在我国发现有山顶洞人、河套人、柳江人等，生活在距今4万年至1万年间。上述各个阶段的人类化石测定证明，中国的远古人类都是黄种人，特点是铲型门齿。他们是中华大地上最早的居民。

进入新石器时代以后，农业、畜牧业、制陶工艺、纺织工艺等相继出现，我国境内的人类活动更加频繁，迄今为止，已发现了7000余处遗址。其中，以黄河中下游地区的"仰韶文化——龙山文化"发展系统最具代表性，这便是后来华夏民族的前身。它包括三大族团：西北的华夏族团，包括黄帝、炎帝、祝融等族；东方的东夷族团，包括大昊、少昊、蚩尤等族；南方的苗蛮族团，包括三苗、伏羲、女娲等族。按照先秦文献的记载，5000多年前，黄帝、炎帝联合起来，在逐鹿打败了蚩尤，不久，黄帝又在阳泉打败了炎帝，成为黄河中下游地区的部落联盟首领。黄帝以后，尧、舜、禹相继以禅让的方式担任联盟首领。

夏朝是我国第一个奴隶制政权，其民众称"夏人"，即"中国之人也"。商灭夏、周灭商，只是政权发生更迭，而这其中的文化并没有断绝，而是被保留了下来，故而两周时期出于对三代文化的认同，接受分封的诸侯国仍以"华夏"自称，而分封区以外的地区被称为"四方"或"四夷"。春秋战国时期，虽然争霸兼并战争持续不断，但华夏文化已成为民众普遍认同的文化主体。

秦汉之际，华夏族在同周边民族的融合与交往中逐渐有了"汉族"之称。

秦汉虽然实现了统一，但统一的只是农耕区域。与此同时，长城以北的匈奴也东并东胡，西逐月氏，建立起了东起大兴安岭、西达阿尔泰山、北越贝加尔湖的统一的多民族的游牧汗国，正所谓"南有大汉，北有强胡"，中国历史由此出现了中原农耕王朝与北方游牧汗国并存对峙的局面。汉武帝时，对匈奴由守转攻，并控制了草原南部及西域地区，匈奴分裂为南北两部。魏晋南北朝时期，北方"五胡"乘中原混乱之际纷纷内迁并建立政权。虽然这些政权都有一定的民族特色，但它们对中原汉文化都一致认同，于是继春秋战国之后，中国历史出现了第二次民族大融合，中华民族的活力和气魄空前强大起来。隋唐时期，在中原文明的强大吸引下，周边各族纷纷臣服，雄才大略的唐太宗被拥戴为"大可汗"，而唐朝又以周边各族为中介，把辉煌灿烂的大唐文化传播到亚洲各地。五代宋辽夏金时期，虽然南北对立分裂，但少数民族政权无一例外地都将中华传统礼制作为治国方略，长城不再是游牧民族和农耕民族的分界线了。元明清时期，民族杂居、民族融合的趋势继续发展，中华民族在深层上实现了南北融合。近代以来，随着同西方列强的入侵，中华民族作为统一的民族实体日渐巩固。

从中华民族的发展历程中可以看出，秦汉以后，长城一线不仅是农耕民族和游牧民族长期对垒的界标，而且还是两者之间通过战争、迁徙、和亲、互市等形式实现经济互补和文化交融的纽带。一方面，北方民族的周期性南下，虽然破坏了中原农耕文化，但相伴而来的还有北方民族那种充满活力的刚劲气质，这是对稳健儒雅的中原农耕文化的补充；另一方面，北方游牧民族虽然数次入主中原，但后来自己反而被"同化"，不得不采用汉族的政治制度与礼乐制度。

（四）中国传统文化的社会政治环境

中国传统文化的社会政治环境主要体现在以下两个方面：宗法制度的长盛不衰和君主专制制度的高度发达。

所谓宗法，就是以血缘关系为基础，在尊祖敬宗的前提下，区分尊卑长幼，规定继承秩序，确定宗族成员权利和义务的法则。宗法制起源于父系氏族公社的家长制。在父系氏族公社后期，父系家长支配着家族内部的所有财产及成员，具有很高的权威。他死后，其权力和财产需要有人继承，于是习惯上便规定了一定的继承秩序，一代一代的父权家长生前的权威在其死后仍然使人敬畏，子孙们幻想得到他们亡灵的庇护，从而产生了对男性祖先的崇拜，形成了相应的祭祀仪式。

进入阶级社会以后，宗法制逐渐形成。夏启时"家天下"的局面已经形成，

"大人世及以为礼"，王位世袭成为制度。在商代，宗法制进一步发展，商王及各级奴隶主的继承实行"父死子继"和"兄终弟及"的制度。家族长称为"子"，在家族中享有至高无上的权利，正妻之外还有众多的妾，于是嫡庶之制便应运而生了。只有正妻所生的嫡长子才能继承"子"统。西周时期，宗法制趋于严密，在严格区分嫡庶、确立嫡长子优先继承的前提下，又增加了庶子继承的原则，这就是"立嫡以长不以贤，立庶以贵不以长"。宗子享有许多特权，如主持强宗祭祀，掌管本族财产，决定本族成员的婚丧事务，教导或惩罚本族成员等。两周的宗法制与等级制、分封制、世卿世禄制互为表里，具有很强的政治功能。周王称天子，为天下大宗，王位由嫡长子继承，其他儿子被分封为诸侯；诸侯对天子而言是小宗，但在其封国内又是大宗，其封号由嫡长子继承，其他儿子被分封为卿大夫；卿大夫对诸侯而言是小宗，但在其封国内又是大宗，其封号由嫡长子继承，其他儿子被分封为士。这就形成了层层相属、代代相袭的政治权力结构。从一定意义上讲，西周的各级行政机构正是扩大了的宗法系统。所谓"天子建国，诸侯立家，卿置侧室，大夫有贰宗，士有隶子弟，庶人、工商各有分亲，皆有等衰，是以民服事其上，而下无觊觎"。

春秋争霸，周天子地位旁落，宗法制开始动摇。战国的变法，普遍限制贵族特权，宗法制受到致命打击。原来在宗族中居于被支配地位的一些成员，由于军功、力田、经商等原因而成为显贵或豪富。于是他们不再愿意受共居共财原则的束缚，也不再愿意继续尊奉并受制于名义上的宗子。这样，宗法制便瓦解了。

秦汉以后，严格意义上的宗法制已不复存在，但它的基本精神却以另外的形式顽固地存在于整个中国封建社会，这就是家族制度或宗族制度。

中国古代社会政治结构的另一显著特点是存在着一个延续了两千多年且不断得到强化的君主专制的官僚政治体制。

秦始皇在扫平六国、统一全国后，建立了一个皇帝独裁、专制主义的中央集权的封建政治制度。它规定，皇帝自称朕，命为制，令为诏，印称玺，"天下事无大小皆决于上"。为巩固这种至高无上的权力，中央实行三公九卿制，官员一律由皇帝任免。三公指丞相（掌政务）、太尉（掌军政）、御史大大（掌监察），九卿指奉常（掌宗庙礼仪、占卜祭祀）、郎中令（掌侍卫传诏）、卫尉（掌宫门守卫）、太仆（掌车马）、廷尉（掌刑狱司法）、典客（掌外交）、宗正（掌皇族事务）、治粟内史（掌财政）、少府（掌山泽之税）。汉承秦制，在原制度基础上又有所发展，武帝时常破格提拔一些人组成"内朝"，来压制以丞相为首的外朝。东汉以司马、司徒、司空为三公，然而"虽置三公，事归台阁"，尚书台拥有真正实权。曹魏时设中书省，掌机要，尚书台为执行机关。晋代设门下省，南朝时逐渐参与国政。隋唐实行三省六部制，三权分立，相互牵制。三省是中书省（制定政令）、门下省（审查封驳）、尚书省（贯彻执行），六部隶属尚书省，分别是史（官吏任免）、户（财政税收）、礼（礼仪选举）、兵（军政）、刑（刑法）、工（工程匠作）。宋朝形式上沿用唐制，但实际上政事堂、枢密院对掌文武大政，另设三司掌财政。元朝废门下、尚书二省，以中书省、枢密院、御史台分掌行政、军事、监察大权。明初废中书省及丞相制，六部直接对皇帝负责，御史台改称都察院。明成祖以后，大学士逐渐参与机务，内阁产生。清朝沿用内阁制，设大学士、协办大学士，但实权却先后被议政王大臣会议和军机处掌握。

在皇帝独裁、君主专制的政治环境中，臣民的自由是被剥夺的。皇帝的意志就是法律，这就形成了中国人迷信权力、服从权威的心态。但是，高度集中的君权对神权又起了压制作用。而君权毕竟也是人权，也是可以变更的，所以，中国人民的反压迫斗争始终未曾间断。

四、中国优秀传统文化

（一）中国优秀传统文化含义

中国优秀传统文化属于中国传统文化的范畴，是中国文化的重要内容。中国优秀传统文化是中国传统文化的精华与灵魂，体现着民族精神的价值。这部分优秀文化在中华民族的发展史上，在中华民族思想的发展史上起到过积极的推动作用，对于现代社会来说也有其相对的价值，于文化思想层面上来说，能够促进社会进步和民族发展。归根结底，中国优秀传统文化在中华民族漫长的发展史中形成，在促进历史的发展上发挥着积极的推动作用，并且至今仍具有重要的价值。以爱国主义为核心的中华民族精神、君子和而不同的宽恕思想、勤劳勇敢的品德、不屈不挠的奋斗精神、克己奉公的人生态度等都是中国优秀传统文化，是中华民族在历史的发展中创造出来的精神财富。

（二）中国优秀传统文化的核心思想

目前，我国正在着力构建社会主义核心价值体系，价值体系的构建离不开我国优秀的传统文化。因此，对中国优秀传统文化的核心思想理念进行研究是非常有必要的。一般来说，中国优秀传统文化的核心思想主要有四个方面：阴阳五行的思想，天人合一的思想，儒家的以和为贵的中庸思想，自强不息、修身克己的思想。这四种思想是对中国传统文化的基本概括与总结，其无形地渗透在各个文化领域中，对人们的行为习惯和思维方式都产生了深刻的影响。

阴阳五行的思想认为世界上任何事物都包含对立统一的规律，都是运动变化着的。其是一种朴素的唯物思想；天人合一的思想主要解释人类与大自然的关系，认为人类在大自然中生存发展，应是大自然的一部分。其认为人与自然应相通相应、和谐相处，人应顺应天时，对自然保持敬畏的态度；中和中庸是中国传统文化追求的理想境界，其承认各种事物互不相同，各有特色，不以人的意志为转移。其教育人们要有忍让意识，处理问题要不偏不倚，恰如其分。做人要修身克己，克服自己身上的弱点，如此才能不断地提升自己。老子所说的"自胜者强"就是克己思想的体现。

中国优秀的传统思想能够与时俱进、历久弥新。如今科学技术越来越发达，文化水平也在不断提高，优秀传统文化应该被重新审视和挖掘。

第二节　中国传统文化的特质和精神

一、中国传统文化的特质

中国传统文化是一个文化体系，有各种不同的表现形态，博大精深的中国传统文化有其精华也有其糟粕，中国优秀传统文化中的崇尚道德、重视智慧、强调个性修养、注重人文素质的培养等思想，有利于新时代人的素质的全面提高和社会的和谐发展。而本书所探讨的是以传统伦理道德为核心，以儒家伦理道德精华为研究对象的中华民族的优秀传统美德。这一思想也是中华民族两千多年历史的精华所在，它不仅决定了古代人的文化人格，而且决定了中国传统文化的民族特质。就中国传统文化本身的特质而言，其主要有以下几个方面。

（一）中国传统文化具有民族性与世界性的统一

世界上各个国家、各个民族都有自己的传统文化，而且伴随着国家、民族的交往活动，国家民族之间相互学习，伴随着历史的交往，各个国家民族的文化渐渐以"和而不同"的状态存在着。中国传统文化无不渗透着古老民族的聪明和智慧，而这种传统文化，在其产生、发展和演变的过程中，以博大的胸怀、开阔的视野，在融合了我国各民族文化的基础上，进一步地吸收外来文化的优点和长处，逐步丰富完善了自我。随着世界文化的交融，中国传统文化也自然地走向全球化，孔子的"天下观"，道家老子、庄子的"自然观"精神已在世界学术界广为传播。正如梁启超所说，"文化者，人类心能所开释出来之有价值的共业也"，换句话说，对于优秀的文化而言，越是民族性的东西越具有世界性、越具有全球性。失掉了民族性的东西，就说不上世界性、全球性了。因为世界本身就是一个多元化的统一体，离开多元化、统一体也就失去了存在的价值了。

（二）中国传统文化是多样性与同一性的统一

纵观人类发展历程，我们不难发现，在人类数千年的文明史上，只有中国文化按照自己的步调一直走到今天。中国传统文化不间断的发展，使自身成为世界上最具生命力的文化之一。相比而言，大多数国家的文化都出现过断层，更有甚者，由于灾难、战争等因素走向了消亡。只有中国文化历经艰辛，在数千年的发展中形成了以汉民族文化为主体、以中原文化为核心的中国传统文化，并且以强大的生命力与其他少数民族的文化和周围的地域文化逐渐融合。同时，中国传统文化的精神实质也在文化的传播与交流中深深地体现在人们的思想意识和行为规范之中，并且迅速地渗透到政治、经济，特别是精神生活的各个领域，成为影响社会历史发展、支配人们思想行为的强大力量。中华民族在经历诸多历史磨难之后，能够一如既往地屹立于世界民族之林，很大程度上仰仗于这种广泛的多样性与同一性的高度统一，这对于民族的生存与延续有着重要作用。它有着顽强的生命力，同时对外来文化有着宽厚的包容性和强大的同化力量。

（三）中国传统文化是继承性与创新性的统一

任何一种文化的产生和发展都有其特定的自然和社会基础，中国传统文化也不例外。中华民族的先辈们在探索自然界和总结社会经验的过程中不断地提出符合人们生产和社会生活实践的具有强大生命力的理论，因而在封建社会发展进程中，中国传统文化虽历经劫难，但依然以自身存在和流传的合理性，顺利地渡过一个又一个的难关，一次又一次地表现出巨大的再生能力。它在漫长而曲折的形成过程中，经历了无数个后人继承前人、发展前人，虚心学习前人，又丰富、超越前人的连续不断、曲折向上的运动轨迹，而中国传统文化中持中贵和的理念更是使得中国传统文化在遭受外来势力入侵时能够兼收并蓄、海纳百川，从而创造出既符合民族特性又符合历史发展规律的文化范本。

总之，中国传统文化随着中华民族的兴起已有五千多年的历史了，是中华民族在发展的过程中凝结的智慧结晶，对中华民族的形成、发展、统一、稳定、团结起到了巨大的推动作用。而中国传统文化的世界性与民族性的统一，使得在这几千年的历史长河中，朝代更替、外敌入侵都未阻止中华民族前进的脚步；同时，中国传统文化的多样性和同一性说明了中国传统文化有巨大的包容性，这一特性使其在任何历史时期都能够不断地吸收营养成分，剔除糟粕部分，无论在何种环境中都能茁壮成长。

中华民族也是在中国传统文化这片沃土上成长起来的，因此我们必须认真学习传统文化留给我们的民族精神和智慧，戒除内心的浮躁，运用各种有利因素和力量来增强我国的综合国力。

二、中国传统文化的基本精神

（一）文化精神的内涵

精神指天地万物的精气、活力及事物运动发展的内在动力。一切文化现象中最微妙的内在动力和思想基础就是文化的基本精神，其是引导和促进民族文化不断进步的基础思想和基本观念。中国传统文化的基本精神有两个特点：第一是广泛的影响，其影响着广大人民群众，是人们追求的基本人生信仰和价值观念。第二是促进民族的生存和发展，促进社会进步。中国传统文化的基本精神，实质上是凝聚于传统文化之中的中华民族的基本精神，是在中国文化中起主导作用、处于核心地位的那些基本思想和观念。

（二）中国传统文化精神之各家说法

关于中国传统文化的基本精神，学者们众说纷纭。张岱年先生在其《论中国文化的基本精神》一书中将中国传统文化的基本精神概括为刚健有为、和与中、崇德利用、天人协调四个方面。具体来说，他认为中国的民族精神主要凝结在《周易》的"天行健，君子以自强不息。地势坤，君子以厚德载物"中。不能把中庸看作中国传统文化的基本精神的原因是其并未推动中国文化的发展。以德育代替宗教的优良传统也是中国传统文化的基本精神。

张岂之先生在其《中华人文精神》一书中则认为，中国传统文化的基本精神有七点，即人文化成——文明之初的创造精神；刚柔相济——穷本探源的辩证精神；究天人之际——天人关系的艰苦探索精神；厚德载物——人格养成的道德人文精神；和而不同——博采众家之长的文化会通精神；经世致用——以天下为己任的责任精神；生生不息——中华人文精神在近代的丰富与发展。

刘纲纪先生认为，中国的民族精神大体上可以概括为四个相互联系的方面，即理性精神、自由精神、求实精神、应变精神。许思园认为，"中国传统文化之根本精神为融和与自由"。杨宪邦则认为，贯穿于中国古代社会生产活动和生产力、生产关系、社会制度、社会心理和社会意识形态这五个层面的主要线索、本质和核心是以自给自足的自然经济为基础、以家族为本位、以血缘关系为纽带的宗法等级伦理纲常，这也是中国古代传统文化的基本精神。司马云杰则把中国传统文化的基本精神概括为"尊祖宗、重人伦、崇道德、尚礼仪"。庞朴认为，中国传统文化的精神是人文主义。这种人文主义表现为不把人从人际关系中孤立出来，也不把人同自然联立起来；不追求纯自然的知识体系；在价值论上反对功利主义。中国传统文化的人文精神，给民族和国家增添了光辉，也设置了障碍；它向世界传播了智慧之光，也使得了中外沟通产生了种种隔阂；它是一笔巨大的精神财富，也是个不小的文化包袱。

第三节　中国传统文化的现代解读

一、学习中国传统文化的当代意义

中国传统文化的内容十分丰富，涵盖了社会生活的各个方面。中华民族优秀的传统文化在今天仍然发挥着积极的作用，并且被越来越多的国家所认可。

中国优秀传统文化是中华民族语言习惯、文化传统、思想观念、情感认同的集中体现，凝聚着中华民族普遍认同和广泛接受的道德规范、思想品格和价值取向，具有极为丰富的思想内涵。加强中国优秀传统文化教育，要以弘扬爱国主义精神为核心，以家国情怀教育、社会关爱教育和人格修养教育为重点，着力完善人们的道德品质，培育其理想人格，提升其政治素养。

对待传统文化，我们要有科学的态度。文化研究的价值主要有以下几方面：文化问题实际上是国情问题，具有认知价值；文化问题是人文素质问题，具有教育功能；文化是一种潜力巨大的社会资源，具有应用功能。社会主义文化建设要求我们建设中国特色社会主义文化，要深深地植根于人民群众的历史创造活动，继承和发扬民族优秀文化与革命文化传统，吸收世界文化的优秀成果。

①加强中国优秀传统文化教育，是深化中国特色社会主义教育和中国梦宣传教育的重要组成部分。中国特色社会主义道路是在对中华民族5000多年悠久文明的传承中走出来的，具有深厚的历史渊源和广泛的现实基础。

②构建中国优秀传统文化传承体系，推动文化传承创新，就要加强中国优秀传统文化教育。当今世界，文化在综合国力竞争中的地位和作用越来越凸显，越来越成为民族凝聚力和创造力的重要源泉。

③培育和践行社会主义核心价值观，落实立德树人的根本任务，就要加强中国优秀传统文化教育。中国传统文化在两千多年前就形成了完备的理论体系和实用化的价值取向，它特别强调道德的感化作用和身教作用。在中国古代，道德人格在社会生活和政治生活中有着深刻的影响，甚至比法律更为有效，人们应首先考虑的是如何在错综复杂的人际关系中履行好自己的道德伦理义务。

二、中国优秀传统文化的现代解读

弘扬中国优秀传统文化，不仅是当代中国文化建设的重要内容，而且是国家治理体系和治理能力建设的重要方略。"一个国家选择什么样的治理体系，是由这个国家的历史传承、文化传统、经济社会发展水平决定的，是由这个国家的人民决定的。我国今天的国家治理体系，是在我国历史传承、文化传统、经济社会发展的基础上长期发展、内生演化的结果。"我们所选择的中国特色社会主义道路，我们所培育和践行的社会主义核心价值观，我们所传承的中华优秀传统美德，都属于国家治理体系的范畴，并且都得益于中国优秀传统文化的有效滋养。

（一）中国优秀传统文化是社会主义核心价值观的源头活水

中共十八大明确提出"倡导富强、民主、文明、和谐，倡导自由、平等、公正、法治，倡导爱国、敬业、诚信、友善，积极培育社会主义核心价值观"。中共十九大明确指出"必须坚持马克思主义，牢固树立共产主义远大理想和中国特色社会主义共同理想，培育和践行社会主义核心价值观，不断增强意识形态领域的主导权和话语权，推动中国优秀传统文化的创造性转化、创新性发展，继承革命文化，发展社会主义先进文化"，每一个民族及其所建立的国家，在一定阶段内都会形成与其根本制度、社会发展相适应的，并能主导和维系全社会思想和行为的核心价值观。"一个民族、一个国家的核心价值观必须同这个民族、这个国家的历史文化相契合，同这个民族、这个国家的人民正在进行的奋斗相结合，同这个民族、这个国家需要解决的时代问题相适应。"建设中国特色社会主义事业，实现中华民族的伟大复兴，理所当然地需要社会主义核心价值观的引领与支撑。中国共产党明确指出了社会主义核心价值观要根植于中国优秀传统文化，中国优秀传统文化蕴藏着社会主义核心价值观的思想资源，揭示了二者的辩证关系。

社会主义核心价值观源于中国优秀传统文化，是因为中国优秀传统文化适合我们这个民族，并持久地维系着我们这个民族。中国优秀传统文化中"仁政"

的治国理念，"选贤举能"的民主思想，"和实生物""利而不同"的发展道路，"天下为公"的社会理想，"刑政相参"的治国策略，"苟利国家""不求富贵"的爱国情怀，"敬业乐群"的职业操守，"至诚尽性""言而有信"的处世之道，"仁者爱人"的道德修养等，都是我们所倡导和践行的社会主义核心价值观的思想源泉。"培育和弘扬核心价值观，有效整合社会意识，是社会系统得以正常运转、社会秩序得以有效维护的重要途径。历史和现实都表明，构建具有强大感召力的核心价值观，关系到社会的和谐稳定，关系到国家的长治久安。"这里揭示的是"源头活水"的道理，这就从国家治理的高度凸显了中国优秀传统文化和社会主义核心价值观在治国理政中的重要作用。

（二）中国优秀传统文化是中华传统美德的资源宝库

2013 年 11 月，习近平总书记考察了曲阜孔府和孔子研究院，向全社会传递了中国共产党重视中国优秀传统文化与传统美德的重要信息。他说："国无德不兴，人无德不立。"必须加强全社会的思想道德建设，激发人们形成善良的道德意愿、道德情感，培养正确的道德判断和道德责任，提高道德实践能力尤其是自觉践行能力，引导人们追求讲道德、尊道德、守道德的生活，形成向上的力量、向善的力量。

只要中华民族一代接着一代地追求美好崇高的道德精神，我们的民族就会永远充满希望。这些文字，不仅从理论层面阐释了道德建设是道德认知、道德情感、道德意志、道德信念和道德行为相继层递、一以贯之的过程，而且也深刻地揭示了道德建设在兴国立人方面的重要价值。

道德是精神层面的文化，其自始至终都依托着文化这个载体。故此，中国优秀传统文化必然蕴含着我们这个民族优良的道德规范，即中华传统美德。中国文化源远流长，蕴藏着中华民族最深层的精神追求，为中华民族的发展壮大提供了源源不断的滋养。中华传统美德是中华文化的精髓，蕴含着丰富的思想道德资源。不忘本才能开辟未来，善于继承才能更好地创新。在两千多年前，中国就出现了百家争鸣的盛况，诸子上究天文、下穷地理，建立了博大精深的思想体系。他们提出的很多理念，如孝悌忠信、礼义廉耻、仁者爱人、与人为善、天人合一、道法自然、自强不息等，至今仍然深深地影响着中国人的生活。中国人看待世界、看待社会、看待人生，有自己独特的价值体系。中国共产党人既强调了道德建设的重要性，又指出了在道德建设中充分借鉴中华传统美德的必要性；既列举了在中国传统文化发展过程中出现的伟大思想家，又总括了他们道德思想对人类社会发展的重要影响。这种层层递进的逻辑关系，旨在强调中国共产党在当下推进社会主义道德建设充分汲取中华传统美德的有利因素的重要性，充分彰显了中国优秀传统文化的当代价值。

（三）中国优秀传统文化是中国特色社会主义发展的有利土壤

中国特色社会主义不仅是马克思主义中国化的理论成果，更是基于中国悠久的文化传统和社会主义革命与建设而总结出来的理论体系。"中国特色"就是承续中国传统、彰显中国风格、呈现中国气派的统一体。中国共产党人是自觉地把中国优秀传统文化与中国特色社会主义有效对接的积极实践者。"独特的文化传统，独特的历史命运，独特的基本国情，注定了我们必然要走适合自己特点的发展道路。"这就是中国特色社会主义道路。"这条道路，是中国共产党带领中国人民历经千辛万苦、付出巨大代价开辟出来的，是被实践证明了的符合中国国情、适合时代发展要求的道路。"

中国特色社会主义是马克思主义中国化的理论成果，而马克思主义中国化是一个尊重中国文化、适合中国国情、有利于中国发展的渐进历史过程。这首先源于马克思主义与中国优秀传统文化在思想理念上的融通与契合。张岱年说过："中国古典哲学中有许多思想观念与马克思主义有相近之处。中国哲学中有一个唯物主义的传统，富有辩证思维，这与马克思主义辩证唯物论有相互契合之处，是应该深入理解的。"具体而言，中国优秀传统文化中的"力行"思想、"治国平天下"理念、"中庸"理论、"大同"社会理想分别与马克思主义的实践学说、改造世界学说、唯物辩证法、共产主义学说有着明显的契合之处。正是这些相通相近之处奠定了中国人接受马克思主义的文化基础，促进了中国特色社会主义理论体系的形成。中国特色社会主义理论不仅源于马克思主义，也源于中国传统文化，是马克思主义基本原理同中国实际即社会主义建设实践、中国历史文化相结合的产物。

这些思想既为中国人民接受马克思主义提供了重要可能，也为马克思主义中国化提供了现实土壤。因此，在建设中国特色社会主义的历史进程中，我们不仅需要马克思主义理论的科学指导，也需要中国优秀传统文化的丰富滋养和有效助力。

三、中国传统伦理道德在现代的扬弃

中国传统道德是中华民族思想文化传统的重要组成部分，是中国古代思想家对中华民族道德实践经验的总结，对中国传统文化、民族心理有着巨大的影响和作用。今天弘扬中华民族的优良道德传统，对社会主义的现代化建设有着重大作用。这就需要我们对传统伦理道德中的精华加以继承、发扬，对糟粕加以摈弃、改造和利用。

（一）传统美德应赋予时代新意

经过几千年的传承而发展起来的优秀传统道德，是古人留给我们的一大笔宝贵财富。它们所包含的思想和精神可以超越时空的界限，为不同历史时期、不同地域的人们所借鉴和利用，今天我们继承和发扬这些美德也是毫无异议的。但是，我们也应看到，这些优秀的道德传统是在特定的历史时期形成的，且有着特定的内涵和外延，服务于特定的阶级。因此，今天我们对这些传统美德的借鉴和利用，就不可能是对其本身的简单照搬照用，而应有一个发掘、提炼、再创造的过程。要完成这个过程，首先就要实现传统向现代的合理转换，使传统美德富有现代意义，为现代服务。

为此，必须对传统美德做出现代诠释，赋予其符合时代要求的新的含义，使其同现实衔接起来，为今天的政治经济、文化服务。例如，中国传统道德中的"公忠观"主要指臣民忠于封建统治者，忠于其王朝统治，今天对这种"公忠观"是应该继承的，但在社会主义时期，其内涵和外延就都将发生变化，忠于社会主义国家，忠于中国共产党的领导，忠于有中国特色的社会主义路线，忠于共产主义，都是这种"公忠观"的体现。这正如孙中山先生对"忠"德所做的诠释一样："我们在民国之内，照道理说还是要尽忠，不忠于君，要忠于国，要忠于民，为四万万人去效忠比为一人效忠要高尚得多。"这里，孙中山先生对古代的忠德已做出了符合当时时代要求的现代诠释，实现了传统向现代的转换。

再如，中国传统伦理道德中的"礼、义、廉、耻"四维，在古代它们分别指"不逾节""不自进""不蔽恶""不从枉"。到了今天我们就应赋予其新的含义：礼，指对他人、对社会的文明礼貌行为；义，指助人为乐、捍卫正义的行为；廉，指忠于职守、廉洁奉公、全心全意为人民服务的精神；耻，指做人所具有的羞耻感以及对是非善恶的爱憎之情。如此加以再创造后的"礼、义、廉、耻"四维便具有了现实价值，可以更好地为现实服务。

对传统美德做出现代诠释，赋予时代新意，是继承和发扬传统美德、"为我所用"的必经阶段。对此，我们应学习孙中山先生的古为今用、推陈出新的方法。

（二）弘扬精华，除去糟粕

中国传统伦理道德经过几千年的发展锤炼，已形成了一个范围广泛、内容丰富的博大系统。这里面既有民主性的精华，又有封建性的糟粕；既有积极、进步、革新的一面，又有消极、保守、落后的一面；还有精华与糟粕共存的部分。这对于植根于民族传统道德的社会主义道德来说，对它的继承就绝不是一个简单肯定或否定的继承，而应该是一个弘扬精华、除去糟粕的继承，是一个经过咀嚼、消化的继承。只有这样，才能保证社会主义道德在吸收传统道德精华的基础上得到进一步的发展，融传统与现代为一体。

①对于那些在特定历史时期统治者为维护其统治而宣扬的，在今天看来是不合理、落后的，属于糟粕的部分要予以剔除。如中国历史上统治者为使人们服从其统治而大力宣扬的"君为臣纲，父为子纲，夫为妻纲"的伦理思想，在今天要求人人平等，尤其是男女平等的现代社会中是不可取的。

②对于那些具有先进性、积极性，在今天仍可以继续沿用的精华部分是应该发扬的。如"夙夜在公""爱国为民"的整体主义精神，"己欲立而立人，己欲达而达人""己所不欲，勿施于人"的仁爱精神，"富贵不能淫，贫贱不能移，威武不能屈"的大丈夫精神，"天行健，君子以自强不息"的进取精神以及勤劳节俭、尊老爱幼、团结友善、廉洁奉公、律己宽人、明礼诚信等道德规范，在社会主义时期仍具有重要的社会价值，是我们应继承和发扬的。

③对于那些精华与糟粕交织在一起的混杂部分，就需要研究、分析，筛选出精华部分加以继承。例如，中国传统道德基本范畴中的"仁"，在儒家那里指一种分等级、分厚薄的爱，因为这种次第等级的"仁"符合了统治者安稳政局的需要，所以一直被提倡，但是墨家所指的"兼相爱"的"仁"，即没有等级、厚薄之分的博爱却被否定。今天，我们要继承这种"仁爱"精神，但也要排除其中的等级厚薄之分的成分，实行"博爱"。再如，《论语》中"君子喻于义，小人喻于利"的思想，也是明显的精华与糟粕混杂的例子，因此，在继承时就要进行批判的分析。在今天看来，"君子"指有道德的人，"小人"指那种只顾私利而没有道德的人。但是，在中国古代，"君子"除了指有道德的人以外，统治者还将自己自诩为"君子"，将身居下位的老百姓、妇女和没有道德的人一并列入"小人"之列。因此，他们总是强调自己是申明大义的，污蔑劳动人民是贪求蝇头小利的，统治者抛弃了"君子喻于义，小人喻于利"的前一种理解，即有道德的人是申明大义的，而没有道德的人是只知道私利的，其目的完全是巩固他们的统治；在今天，当我们继承这种思想时，就要抛弃封建统治者的后一种理解，取其原本意义上认为只有道德的人是申明大义，而没有道德的人是贪求私利的精华部分，并加以改造，使其在今天社会主义市场经济中发挥更大的作用。

弘扬精华、除去糟粕是继承中国传统道德的基本原则。我们要充分利用这一原则，发掘、吸收、改造传统道德，使之更好地为现代社会服务。

（三）传统伦理道德对学校德育的影响与启示

我国优秀的传统伦理道德，不仅为中华民族的文明进步做出过不可忽视的重要贡献，而且至今还有不可低估的现实价值和积极作用。其中蕴含的德育内容、德育原则和方法等对今天学校德育的开展更是具有巨大的启示和借鉴作用。吸收借鉴合理先进的东西，"为我所用"，将有助于推动学校德育工作的开展。

我们要借鉴传统伦理道德的整体主义精神，培养青少年学生的爱国情怀。群体和谐思想是传统伦理道德的一贯思想，它强调自觉地为民族、为国家、为社会的群体和谐而献身的精神，儒家的"公忠观"是其集中的体现，这种群体和谐精神曾培育了一代爱国志士，对历史的发展、民族的繁荣做出了十分重要的贡献，这在今天仍值得我们好好地学习和借鉴。

今天，虽然祖国发生了日新月异的变化，但是振兴中华的大业远未完成。一方面，我们的国土尚未统一，海峡两岸骨肉分离的状况尚未改变；另一方面，国际上企图颠覆我们社会主义政权、对我们实行"和平演变"的敌对势力依然强大，而且出现了与国内一些反动势力相勾结的现象。在这种形势下，对处于新世纪、身负重任的青少年学生来说，更要坚定爱国情怀，坚持社会主义方向，坚信共产党的领导。为此，学校德育要吸取传统道德的"天下为公"的群体和谐思想，加强爱国主义教育，并以古代公忠为国的英雄事迹，激励青少年学生培养爱国主义情怀，做新世纪"公忠为国"的国家栋梁。

我们要坚信传统道德的"以义制利"的原则，帮助青少年学生树立正确的利益观。在中国的传统道德中，不少人对义利关系的问题曾提出过各种不同的主张和观点，但占主导地位的是见利思义、重义轻利、以义制利的原则。这一原则告诉我们，对于"利"，要有一种理性的制约，不受不义之财。这种道德意识是有其进步性、合理性的。在发展社会主义市场经济的今天，道德与金钱的关系问题渐渐凸显出来。市场经济的发展一方面允许经营者在市场上追逐利益，另一方面又反对谋取不义之财，这就需要相关人员引导人们正确处理金钱与道德的关系问题。对这一问题处理得不当乃至错误，会诱发为攫取金钱、财富而不顾信义的丑恶现象。当今青少年面对社会上已经出现的大量的见利忘义、假冒伪劣、坑蒙拐骗的种种罪恶现象，一方面要加强自身的抵抗力，正确对待"利"，另一方面也要培养社会公德，带头反腐倡廉。因此，学校德育必须把培养学生正确的"义利观"提到重要位置，充分挖掘传统道德在这方面的积极

素材和思想，结合实际中的各种丑恶现象，对青少年学生进行正确教育，使他们培养对待物质利益的健康态度。

学校德育要借鉴传统道德中的气节观念，培育青少年学生的自尊、自强、自立的人格精神。重气节，维护人格尊严，是我们民族的一个重要的优良传统。孔子曾说："三军可夺帅也，匹夫不可夺志也。"这句话强调了独立人格在个人的立身处事中的重要地位。传统道德的"气节观"不但影响了志士仁人独立人格的形成，而且在激励志士仁人维护祖国统一、反对外来侵略、抵制邪恶势力中显示了巨大的作用。

今天，青少年一代虽然生活在国家繁荣富强的时代中，但是随着经济的发展和改革开放的推进而出现的丑恶现象也不断地冲击着他们。在这种环境中，面对复杂的社会现象，青少年学生要树立自尊、自强的独立人格，坚定立场，坚持正义。此外，青少年学生要担当起精神文明建设的重任，带头弘扬正气，为消除丑恶现象、维护国家安宁贡献力量。为此，学校的德育工作应义不容辞地加强对学生独立人格的培养，将传统的"气节观"渗透到他们的学习和生活中，促使他们做"出淤泥而不染"的新一代。

中国传统伦理道德中还有很多宝贵丰富的内容，如"仁者爱人"的人道主义精神，"以和为贵"的处事之道，"刚健有为"的奋发精神，"自强不息"的开拓进取精神等，在今天的学校德育中仍闪烁着它应有的光彩。此外，传统道德教育中的学思并重、反省内求、慎言力行的德育方法，家庭、社会、学校共进的德育途径，重知、情、意、行及能力培养的德育任务等，都是值得我们借鉴、利用的。只要我们细心挖掘，充分改造利用，它将为学校德育的发展提供丰富的思想资料。

四、中国优秀传统文化的现代价值

关于中国优秀传统文化的现代价值，本节主要从优秀传统文化对文化强国、社会主义核心价值观、人与自然和谐共生以及和谐社会、和谐世界构建进行研究分析。

（一）文化强国的历史支撑

优秀的传统文化，是文明的源泉和宝贵的历史遗产，也是世界上少有的精神财富，更是我们实现文化强国的历史支撑。因此我们应该熟悉传统文化，研究传统文化，尊重传统文化，做到取其精华，去其糟粕，继往开来，综合创新。

1. 铸塑文化强国的民族自豪

优秀传统文化给予的中华儿女的民族自信，是对文化强国的历史支撑。中华民族有五千多年的文明史，博大精深，源远流长，是世界上少有的文明古国。如秦皇汉武的文治武功、唐宗宋祖的盛世雄风、明朝郑和七下西洋、大清初期的康乾盛世等。

今天，中国走上了特色社会主义的发展道路，走向了民族伟大复兴的壮丽征程，发展并传承了中华民族的浩然正气。以爱国主义为核心的民族精神，是对历久弥新的传承，成就了我们这样的民族—历经磨难而不衰，千锤百炼更坚强。建设中国特色社会主义，建设文化强国，创造新辉煌，今天的我们满怀信心、无所畏惧，充满了民族自豪感

2. 支撑文化强国的文化自觉

文化强国的建设是中国特色社会主义现代化的必由之路。因此，我们应当自觉地寻找并构建历史传统的支撑，即优秀的传统文化。毫无疑问，文化强国的价值资源根本在于发展中的当代中国的经济建设、政治建设、文化建设、社会建设和生态文明建设的生动活泼的实践，在于中外文化的交流互补，在于弘扬以改革创新为核心的时代精神。

3. 感召文化强国的心理自信

建设文化强国需要文化深层的力量，它本身没有先进和落后之分，却是先进文化的根基，能够为人类文明的进步提供无形而持久的支持，是一个民族或国家在跨越时代变革中保持自我的标识。同时，弘扬中国优秀传统文化、建设中华民族共有的精神家园，就要坚持并发扬光大文化的民族性和大众性。文化强国的国民，对自身文化的历史传统总是感到自豪和自信。

（二）促进人与自然和谐共生

1. 提供了对自然依存关系的正确认识

中国优秀传统文化包含着非常珍贵的处理人与自然关系的内容。从老子"道法自然"的学说，可以逻辑地引出人类要遵从自然的法则、不能总向自然索取的观点，这在今天看来多么宝贵，而这种天道自然观产生于 2500 年前。因此，一切破坏、违背自然规律的言行、准则都是错误的，都将给人类社会及其自身带来不可估量的灾难。

今天，人们为因不择手段的"发展"使生存环境遭到破坏而悲哀的时候，当因认识到自然界正在无情地惩罚人类以怨报德而悔恨的时候，当为再也无法

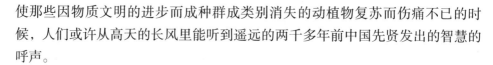

使那些因物质文明的进步而成种群成类别消失的动植物复苏而伤痛不已的时候，人们或许从高天的长风里能听到遥远的两千多年前中国先贤发出的智慧的呼声。

2. 提供了正确处理人与自然关系的有益借鉴

中国优秀传统文化蕴含的"天人谐和说""回归自然观"，追求自然、社会、人际、人与自然的全面和谐，为我们正确处理人与自然之间的关系提供了一套精辟的思想方法。进入 21 世纪，伴随"全球化"进程的推进，现代化所蕴含的发展与代价、成就与丧失、进步与退步等内在矛盾也在更深刻的层面和更广泛的程度上得到彰显。现代文明面临着前所未有的危机。

（三）促进和谐社会、和谐世界的构建

1. 中国优秀传统文化为构建和谐社会提供强力支撑

在构建和谐社会的过程中，伴随商品化程度的提高，追求个人利益的最大化成了人们生存的目标之一。因此，个人的发展离不开社会。

在构建和谐社会的过程中，人与人之间也产生了一些问题。生活在快节奏的现代社会的人们对物质财富的需求急剧上升，人与人之间的摩擦增多。

纵观我国传统文化的和谐理念，不难领悟身心和则康，家庭和则福，人际和则安，社会和则治，自然和则美。要认真汲取传统思想文化精华，深入领会党的建设和谐社会的创新理论，在推进现代化进程中更好地发挥优秀传统文化的独特作用。

2. 中国优秀传统文化为构建和谐世界提供宝贵借鉴

当今世界，和平与发展成为时代主题，但是世界仍然很不安宁。国际金融危机影响深远，世界经济增长不稳定不确定因素增多，全球发展不平衡加剧，霸权主义、强权政治和新干涉主义有所上升，安全威胁的综合性、复杂性、多变性日益明显，领土和海洋争端时有升温，恐怖主义、分裂主义、极端主义活动猖獗，局部动荡频繁发生，粮食安全、能源资源安全、网络安全等全球性问题更加突出，各种冲突不断发生。优秀传统文化蕴含构建和谐世界的朴素价值理念。

① "爱好和平"是中华民族精神的重要内涵。"亲仁邻善""讲信修睦"等充分表现了中华民族在处理民族问题上的宽大胸襟。

② "和而不同"是中国优秀传统文化的价值理念。在两千多年前，有一群知识分子，他们虽不同而和、虽不比而周，但其想人之所想、急人之所难，他

们老吾老以及人之老、幼吾幼以及人之幼,他们尽管性情不同、出身不同、成就不同,但是在"忠恕"的感召下,都践行着儒者的光荣与梦想,体察万物,悲悯苍生。

③"忠恕"是中国优秀传统文化的处事心态。"忠"是要极尽所能,"恕"是要量体裁度,所以"忠"与"恕",与"仁"与"义"一样,是一对相互辅助又相互制衡的概念。忠,就是以尽己之心去付出和助益;恕,就是以待人如己之心去换位和体谅。

中国坚持走和平发展道路,致力于和谐世界的构建。脱离了中国的历史,脱离了中国的文化,脱离了中国人的精神世界,脱离了当代中国的深刻变革,是难以正确认识中国的。正是基于中国厚重的传统和谐文化,在当今的国际关系中,中国才能承担起当之无愧的责任。

中国坚持平等互信,坚持国家不分大小、强弱、贫富,一律平等,正是使用"和而不同"思维的真实体现,其致力于推动国际关系的民主化,尊重主权,维护世界和平,同国际社会一道致力于推动建设持久和平与共同繁荣的和谐世界。

(四)以德治国、以文化人的根本

中华民族历来有崇德重德、以文化人的传统,其不仅滋养了伟大的民族精神,还创造了源远流长的中华文化,并且成为中华民族生生不息、发展壮大的精神营养和强大动力。在今天,中国的发展,需要建立在对历史和传统文化的深入了解的基础上。

中国优秀传统文化与时代精神的结合,包括了自强不息、奋发有为、乐观向上的人生追求;社会与历史责任感以及爱国主义情操;把握现实,面向未来的胸怀和眼光;义利兼顾、以义为上的价值取向;尊重、理解和关心他人、宽容合作及互助奉献的精神。日常生活中的道德失范、行为失信,破坏着人与人之间的社会信任,严重危害着社会与人之间的和谐。因此,在全社会开展崇德向善、全民修身的行动,是一项迫在眉睫、刻不容缓的重大任务。具体来说就是要做到明大德、守公德、严私德。

①明大德,铸牢精神支柱,坚定理想信念。理想信念是一个人的世界观、人生观和价值观的集中体现。一个人一旦确立了崇高的理想信念,就有了正确的方向和强大的精神支柱,就能抵御各种腐朽思想的侵蚀,就能义无反顾、矢志不渝地献身于伟大的事业而不畏任何艰险。

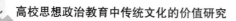

②守公德，强化文明意识，校正人生坐标。文明意识是一个人综合素质的集中体现，强化文明意识，也是提高公民文明素质的重要环节。一个高素质、有教养的现代文明人，必须有良好的文明礼仪。当前，在培育和践行社会主义核心价值观中强调崇德修身，强化文明意识，有许许多多的着力点，但特别重要的是从中国优秀的传统文化中汲取营养，充分发挥优秀传统文化怡情养志、滋养心灵、涵育文明的重要作用。用中国优秀传统文化中蕴含的丰富的思想道德资源来强化全社会的文明意识，是非常有意义的。

③严私德，锤炼意志品质，恪守做人准则。修养犹如一面镜子，能够照见一个人的道德境界、做人准则与精神追求。在日常生活中，有的人在名利的诱惑中放任自流，有的人在义利纠结中迷失自我，有的人在利、色面前丧失做人的底线，滑向犯罪的深渊，这些都产生了极坏的社会影响，其中的教训也是非常深刻的。

第二章 中国传统文化与思想政治教育的 关系和价值

当代大学生正处于我国社会转型期和改革的深水期，各种文化思潮泛滥，影响着人们的价值观和世界观。传统文化对于当代大学生树立正确的价值观、养成良好的道德操守、坚定社会主义理想信念、增强爱国主义精神和社会责任感具有重要作用。而当代大学生能否养成正确的道德观和价值观，直接关系到我国的社会主义建设，关系到中华民族的伟大复兴和"中国梦"的实现，所以传统文化与大学生思想政治教育的结合具有重要意义。本章分为中国传统文化与思想政治教育的关系、中国传统文化对高校思想政治教育的意义以及中国传统文化在高校思想政治教育中的价值三部分，主要内容包括高校思想政治教育与文化的关联性研究、高校思想政治教育与文化的互动性研究和中国传统文化对大学生的意义等。

第一节 中国传统文化与思想政治教育的关系

一、高校思想政治教育与文化的关联性研究

高校思想政治教育与文化在许多方面具有共同点，这些共同点决定了它们之间存在着密切的内在关联。高校思想政治教育和文化之间"内容相长，互相渗透；职能相容，互相促进；方式互补，互相借鉴；系统一体，互相融通"。高校思想政治教育与文化有内在相关性。高校思想政治教育来源于文化，并以各种文化形态为载体。高校思想政治教育和文化有实践性、开放性和共时性等共同特征。但是高校思想政治教育与文化都有各自的运行逻辑，不能等同。也有一些学者提出，高校思想政治教育是文化建设的重要保证和有效动力，文化

建设是高校思想政治教育的重要载体和有效途径。这些论述在高校思想政治教育的研究论文中经常可以看到。

高校思想政治教育具有明显的文化属性。高校思想政治教育具有浓厚的文化烙印，能够反映文化的核心价值，是文化的重要组成部分。高校思想政治教育的开展需要借助文化教育的方法和载体。高校思想政治教育具有重要的文化选择、整合和创造功能。高校思想政治教育体现了一种文化力，有利于促进高校思想道德建设和文化建设，能够增强文化凝聚力。

高校思想政治教育与文化在对象和目标上具有内在关联。高校思想政治教育与文化的对象都是"人"，都是为了提高人的素质，实现人的全面发展。高校思想政治教育与文化发展的目标具有一致性，都是为了提高人的思想文化素质，培养健康人格，促进人的全面发展。高校思想政治教育离不开社会文化环境，无法游离于文化发展之外，同时，高校思想政治教育的健康发展，也为文化发展注入了时代精神的内涵。这两者是相辅相成的。

高校思想政治教育与文化在内容上具有内在关联。高校思想政治教育自始至终都必须存在于一定的文化之中，它的价值理想体现了这种文化的内在精神，它的具体内容反映了这种文化所要求的人伦规范。高校思想政治教育与高校文化建设在内容上的关系体现在两方面。一方面，高校思想政治教育是高校文化建设的核心内容，能够为高校的文化建设提供理论上的指导，能够为高校文化的健康发展指明方向；另一方面，高校文化中也包含着世界观、人生观、价值观、集体主义、爱国主义等内容。

高校思想政治教育和文化在过程上具有内在关联。从本质上看，实施思想政治教育就是"文化化人"的过程，也是文化价值的判断与选择、传承与创新的过程。从一定意义上说，高校思想政治教育源于现实文化，并超越和重构现实文化。文化本身就蕴含着高校思想政治教育的内容。

二、高校思想政治教育与文化的互动性研究

高校思想政治教育与文化是两个相对独立的体系，但彼此之间的相互关联性就决定了它们之间的相互联系、相互促进，从而形成"双向建构"。文化与高校思想政治教育的"双向建构"具有应然性。先进文化是高校思想政治教育理论内容的重要来源，同时，高校思想政治教育的稳健发展又极大地丰富了文化的内涵。文化"介入"思想政治教育"发生—发展—转化"的整个运行境域，

同时思想政治教育具有"文化选择—文化激活—文化创新"的实践反哺力，二者形成应然意义上的"双向建构"。

（一）高校思想政治教育与文化之间的"双向建构"

从高校思想政治教育的文化本质、文化价值和文化功能出发，实现高校思想政治教育对文化的建构。高校思想政治教育是一种尊重、满足、丰富和提升人的需要，促进人的全面发展的实践活动。它与文化有着天然的、本体意义上的内在关联，并在文化建设中肩负着重要责任。一是用社会主义核心价值体系引领多元化的社会文化，在全社会形成社会主义核心价值观占主导地位的和谐文化。二是培育社会成员的"文化自觉"和"文化自信"意识，使其形成建设先进文化的能力。三是彰显高校思想政治教育"激发人的自由自觉本性"的本源性价值，通过培养德才兼备的、具有文化创造力的人才促进社会主义文化事业的大发展、大繁荣，实现高校思想政治教育对文化的建构。文化建构应把握时代性、方向性与批判性；把握主导性、适应性与主体性；把握开放性、民族性与包容性。

所谓高校思想政治教育的文化功能，指高校思想政治教育作为一个系统对文化环境的功能和价值，反映了高校思想政治教育对文化的积极作用。高校思想政治教育不仅有传统的复制、再造功能，还有文化孕育、文化整合和文化预测功能。高校思想政治教育的文化整合功能，具体表现在能动选择、传承变异和渗透创造三个方面。高校思想政治教育在文化领域中处于价值主导地位，发挥着主导作用，能够引导人们的价值选择，在维护文化主导地位、引导文化选择方向、继承和弘扬民族文化等方面发挥着重要作用。

从文化的意识形态功能出发，实现对高校思想政治教育的建构。一般来说，文化在高校思想政治教育中发挥着重要作用，且是促进高校思想政治教育与时俱进的重要推动力量。实现文化对高校思想政治教育的建构，应充分发挥文化的意识形态功能，为高校思想政治教育活动的开展提供有效载体和重要途径。在高校思想政治教育过程中，文化自觉显示了巨大的力量和价值，体现为一种"文化信念、文化境界、精神支柱和内在力量"。

（二）高校思想政治教育与文化相互融入的方式和途径

高校思想政治教育融入文化建设，就是要充分发挥思想政治教育的文化功能，在文化建设中彰显思想政治教育的元素。在高校思想政治教育的运行过程中实现文化的有效融入，就要将文学、艺术、音乐、科技等文化形态作为高校思想政治教育的重要内容，使文化行为成为高校思想政治教育的基本行为。文化环境应积极"介入"高校思想政治教育的内化、外化和反馈的全部运行过程。它既是高校思想政治教育运行的外部环境，又直接参与高校思想政治教育的运行过程，能够使高校思想政治教育呈现为以一定的文化形态为中介的互动过程。同时，高校思想政治教育可以主动进行文化选择和创新，从而生成新的文化环境。

应有选择地吸收积极因素，创新高校思想政治教育的内容、方式、载体和机制，构建与大众文化相适应的高校思想政治教育新格局。具体来说，内容上应体现时代感、突显高品位和强化亲和力；方式上应增强互动性、把握规律性以及强化影响力；载体上应转向媒体化、增强适应性和强化辐射力；机制上应实现长效化、立足有效性和强化内动力。化解大众文化的消极影响，应坚持马克思主义理论教育，注重教育方法的创新；坚持核心价值体系建设，体现主导性与多样性的统一；坚持以人为本，确立现代思想政治教育的理念和方法。

三、中国传统文化与高校思想政治教育的关系

关于中国传统文化与思想政治教育的关系问题，大多学者认为，中国传统文化是高校思想政治教育的重要内容。高校思想政治教育要增强实效性，必须植根于中国传统文化的深厚土壤，实现与中国传统文化的有机融合。中国传统文化已经深深地融入中国人的思想观念、行为习惯和社会活动当中，已成为整个民族心理思想结构中不可缺少的一部分。中国传统文化具有塑造人、培养人的功能，是高校思想政治教育不可或缺的重要内容。它与马克思主义，与现代化并不冲突，而且可以相互融合。高校思想政治教育与中国传统文化相融合是必要的，也是可行的。中国传统文化与马克思主义、社会主义及现代大学教育具有契合性。

（一）中国传统文化是思想政治教育体系的教育基础

中国传统文化是思想政治教育的重要资源，传统文化经过五千年历史的沉积、筛选，直到21世纪仍然有着强大的活力和巨大的教育意义，当代大学生的学习目标和培养价值与传统文化的教育意义不谋而合。

当代学生首先要具备"以天下为己任"的爱国主义精神和责任，这种精神凝聚了中国传统文化中的精华，也是炎黄子孙持续进步的动力。站在思想政治教育的角度来看，传统文化作为其教育基础是中国教育之幸事，爱国主义精神的锤炼有益于培养大学生的历史使命感，同时以国家民族责任为基础的思想政治教育资源将直接提升大学生的精神层次和水平。

大学生还要培养严以修身、慎独自省的道德修养方法。重视自身的品德修养源自我国的传统文化，修身的目的在于"齐家、治国、平天下"，慎独自省则是实现"修身"并提升道德修养的基本途径，其也是严于律己的精神再现。

（二）中国传统文化是思想政治教育功能性的体现

文化本身便具备了教育功能性，这是由文化的内涵所决定的。"文化"这一概念是由人类创造出来的，同时文化对于后世子孙来说还具有塑造人格的作用。从本质上讲，狭义的教育即人类接受文化的教导，中国传统文化亦是如此，孔子的《论语》就是古人对文化教育功能认知的总结，此后中华民族重视文化教育功能的传统就推广开来了。

源远流长的传统文化背景与思想政治教育相互关联，民族文化传统的普及性也会制约现代思想政治教育体系的发展。当代大学生是中国传统文化的继承人，其在多年的学习过程中已接受了大部分优秀的传统文化，其行为方式也受到传统文化的影响。

对待中国传统文化，应采取科学辩证的态度。中国传统文化是中华民族几千年的历史积淀，难免会带有历史的烙印，具有一定的时代局限性。随着社会的发展和时代的变迁，传统文化有合理和积极的一面，但也有不合理和消极的内容。高校思想政治教育的发展必须植根于中国民族文化精神的土壤，必须对民族文化传统进行创造性的价值吸收和开发利用，进行重新开掘、认识和评价，不断丰富、发展和充实，使之成为社会主义精神文明和先进文化的重要组成部分。中国传统文化具有过程渗透性、方法内省性、效果实践性等特点，对提高个人思想道德素质和国家软实力具有重要作用。

因此，应科学、全面地认识中国传统文化，坚持古为今用、推陈出新，坚持取其精华、去其糟粕，运用马克思主义的立场、观点和方法对中国传统文化进行挖掘和梳理，去除中国传统文化中的消极成分，继承和发扬中国传统文化中的积极成分。同时，应将弘扬传统文化与培育社会主义核心价值观结合起来。

此外，有些学者还就中国传统文化与思想政治教育的融合问题提出了自己的见解。实现大学生思想政治教育与传统文化的融合，应加强制度建设，加大传统文化教育比重，组织以传统文化教育为中心的校园文化活动，注重人格垂范等。

第二节　中国传统文化对高校思想政治教育的意义

一、中国传统文化对大学生的意义

（一）树立正确的世界观、人生观和价值观

华夏文明几千年，积累了许多的优秀传统文化，儒学、道学、佛学、易经、中医、武学、文学、书法、绘画、饮食……可以说不胜枚举，用四个字来概括中国传统文化，那就是——博大精深。在这博大精深的中国传统文化里面，中国传统教育重视受教育者的道德修养。传统教育注重培养德才兼备、具有"圣人""君子"品格的人，所以古代教育不是纯知识的技能性教育，而是全面培养受教育者人文品格的教育。从古代教育教学繁多的科目即可见分晓，它包括了礼、乐、射、御、书、数等，这些都只是作为全方位培养受教育者人文品格的必备项目而已，射、御、书、数等仅是一种技能而非终极教育目的，其目的最终是提升个体的道德精神和人文品格。

崇尚道德是中国传统文化的首要价值取向。儒家认为实践道德的生活，才是人类最理想、最完美的生活。在古代中国，个人追求的就是有道德的理想人格。子曰："仁乎远哉？我欲仁，斯仁至矣！"通过人们的努力实现"天下归仁"。在崇尚道德思想的规范下，德行构成了文化教育的中心内容，中国的传统教育主要不是知识教育，而是伦理教育，其认为道德教化和人格修养才是人生之要件，纯知识的追求是次要的，是第二位的。这种将道德教育，即做人的教育放在主导地位的教育思想对当代大学教育仍有借鉴意义。

在当今社会，传统的道德价值观受到了西方多元化价值观的冲击，一些不利于培养大学生正确道德价值观的信息侵入了大学生的生活，这在一定程度上造成了大学生的迷茫。但是优秀传统文化为大学生提供了优秀的道德典范，对大学生价值观的形成具有重要的导向作用。例如，孔子的思想及言行以及文天祥、梁启超和曾国藩等中国古代的仁人志士，他们身上散发出来的高尚情操和爱国主义精神，对大学生具有深刻的教育作用，能够为大学生提供道德实践的参考和典范，大学生可以从古代先贤身上学习很多为人处世的道理。

可见，中国传统文化对当代大学生思想政治教育的重要性是不言而喻的。中国传统文化是经过几千年的历史积淀，是先贤们不断探索研究的结果，其蕴含着大道理、大智慧，不仅对当时的社会具有重大意义，而且经过后人的"取

其精华，去其糟粕"，对历史现实也有重大的指导作用，影响了一代又一代的中国人。

将中国传统文化融入当代大学生的思想政治教育中有助于大学生树立正确的世界观、人生观、价值观。而树立和坚持正确的世界观、人生观、价值观是一个长期的艰苦过程，大学生必须要有坚忍不拔的毅力，甚至要牺牲个人的一些利益。只有这样，才能成为一个高尚的人，一个纯粹的人，一个有道德的人，一个脱离了低级趣味的人，一个有益于人民的人。

中国传统文化对提高大学生的思想文化素养有积极作用。中国优秀传统文化中蕴含着丰富的精神养料，包括科学艺术、思想观念和道德规范等各个方面。学习中国优秀传统文化有助于提高学生的文化素养，有助于塑造大学生的理想人格，特别是中国传统文化注重人与人关系的建立，注重集体主义和社会和谐，这就有利于大学生养成"仁爱孝悌"的传统美德，对培养学生正确的世界观、人生观以及价值观具有重要意义。

我国的改革开放正在不断地向纵深发展，从传统计划经济形态向新的市场经济形态的转化是一场深刻的社会变革。市场经济具有强大的改造力量，它有可能将一切都吞没在急功近利的欲望之中，还隐藏着反文化的旋涡、潜流和暗礁，甚至会表现出令人担忧的文化沙漠化，致使狭隘的功利主义、拜金主义、个人主义泛滥。所以，在高科技和经济飞速发展的时代，更应该呼唤人文精神，在创造物质文明的同时要加快建设社会主义精神文明，大学生在向科学进军的同时也要努力提高自己的人文素养。

（二）培养爱国忧患意识

当代大学生的爱国主义表现是多方面的，包括对祖国文化的热爱、对祖国大好山河的热爱以及对国家对同胞的热爱等，同时爱国主义也是我国的核心思想。因为只有发自内心地热爱同胞以及祖国，才能够使中国在历史的长河中屹立不倒，才能使灿烂的文明发展得更加美好。

爱国主义在中国的传统文化中表现得最为贴切。在发展的历史长河中，多少爱国主义先烈们用自己宝贵的生命诠释了这一点，为中国的发展做出了重要的贡献。尤其是革命先烈们，通过维护统一、热爱祖国以及同仇敌忾的爱国形式，把爱国主义的精神发挥到了极致，全国人民都应该为他们的这种精神感到自豪，同时也应该像他们一样肩负起实现我国伟大复兴的重要历史任务，书写中国未来发展的华丽篇章。历史实践证明，中国是一个伟大的国家，中华民族也一定会实现它的伟大复兴。

（三）树立民族自信心和自豪感

民族精神是一个国家、一个民族不断向前发展的强大的精神动力。如果没有民族的自尊心、自信心与自豪感，一个国家、一个民族就不可能屹立于世界强国之列，甚至难逃任人宰割、凌辱的命运，而要树立高度的民族自尊心、自信心和自豪感，首先必须具备自强精神，要在实际行动中，充分继承和发扬爱国主义精神。

社会主义市场经济体制改革的不断深化，使得社会道德领域发生了新的变化，以宗法—血缘关系为基本纽带的传统伦理文化与价值观念，受到社会转型的剧烈冲击。不同社会阶层和利益群体会产生不同的价值观念、不同的利益诉求和不同的道德理想、道德标准。当代青年大学生是中华五千年文化的继承人，培养大学生的民族精神和民族认同感，事关中华民族在新世纪的伟大复兴事业，但是现在大学生呈现出来的一些精神面貌和精神状态令人担忧。

一部分大学生，存在自我中心主义，追求个人欲望的满足，追求与理性脱节的个人自由，致使整个社会陷入虚无主义、悲观主义的泥淖中。由此可见，维护高校稳定，激发学生的民族自尊心、自信心，使之树立民族自豪感，振奋其民族精神是非常重要的。而要做到这一点，加强学生的传统文化教育是关键，是行之有效的重要途径。

（四）养成崇高完善的道德品质

大学生的思想道德素质、科学文化素质和身心健康素质能够全面、协调地发展，是高校思想政治教育的根本目标。传统文化对大学生的影响具有全面性，既包括科学知识、专业技能的影响，又包括思想观念、道德规范等的影响。中国优秀传统文化注重从人与自身、人与他人、人与群体的关系三个方面进行探讨，为当代大学生正确处理人际关系提供了可借鉴的原则和方法，形成了中华民族的一系列传统美德。"仁爱孝悌"是中华民族美德中最具特色的部分。这些传统美德，有利于化解大学生内心的冲突，使其保持一种和谐、和顺的心理状态，有助于其塑造理想人格，形成崇高完善的道德品质。

（五）拓宽学习视野

通过对传统文化的学习，大学生不会再囿于目前的思想，他们会打开思路，联想古今，立足实际，求实创新，不断进取。在此要特别指出，我们所提倡的传统文化，是经过"扬弃"的传统文化，即按照辩证唯物主义与历史唯物主义的观点和方法，结合中国特色社会主义建设的实际，去其糟粕，取其精华，是适应并能促进社会主义和谐社会建设的中国传统文化。大学思想政治教育是高校教育工作的主要内容，关注的是人的本身与人的精神需求。其目的在于引导大学生形成正确的人生观，寻找人生的价值和意义，同时也是为了培养在新的历史条件下，符合时代发展需求的、德才兼备的人才，从而教育学生学会做人。而这些目的的实现，教育内容和途径是关键，因此，融入传统文化的教育内容和形式，对当代大学生的思想政治教育具有极其重要的意义。

（六）形成良好心态和健全人格

健全的人格指的是对人与其他各种关系的妥善处理以及对自身身心的一种完善。中国的优秀传统文化在发展的过程中一直比较重视对个人人格的建立。中国目前的高校在大学生的思想政治教育中应该继承和发扬优秀传统文化的优良传统，通过结合现代化的教学手段以及优良文化在教育中所发挥的优势，共同实现对公民健全人格的培养。而健全的人格，主要体现在一个人的意志、情感以及知识的和谐与统一上。

中国学者潘光旦先生是最早提出健全人格教育思想的人，他十分重视培养一个人的意志及情感。在他看来，优秀传统文化中包含了十分丰富的"士与君子"的思想，例如，"士不可以不弘毅，任重而道远"中的"弘"就是指培养情绪，而其中的"毅"，则说的是培养情绪的方式和方法。中国的儒家文化特别注重对人格的追求，其在健全人格方面具有一定的代表性，同时对完善大学生的人格也具有一定的帮助。例如，儒家思想中的"己所不欲，勿施于人"以及"己欲立而立人，己欲达而达人"等，都有一定的指导意义。

（七）激励进取精神

"天行健，君子以自强不息"，这正是鼓励青少年应该具备积极进取精神的重要体现。作为一个新时期的大学生，其还应该有自己的责任意识，尽管人生观、价值观以及世界观非常重要，但更重要的是如何才能形成这三种观念，简单地说就是把正确的思想积极地落到实处，不能只是空想。其实人生价值的实现是一个漫长而又艰巨的过程，"路漫漫其修远兮，吾将上下而求索"正是人生观实现过程的一个真实的写照。新时期的大学生必须树立健康向上、积极进取的进取精神，加之自强不息的奋斗精神，如此才能在漫长过程之后逐渐地使自己的人生价值得到实现。"少壮不努力，老大徒伤悲"，天天坐享其成而又不思进取，最终只能导致遗憾终生而无所事事。

通过中国的优秀传统文化，不难发现自强不息而顽强奋斗的例子，如古代的神话故事中的精卫填海、夸父逐日以及愚公移山等，这些执着的进取奋斗精神都给后世产生了深远的影响。在几千年的发展过程中，中华民族之所以可以在历经各种挫折之后依然屹立，靠的就是这种自强不息的精神，在今天，这种精神同样可以激励大学生不断进步。

二、中国传统文化对教育理念的意义

中国传统文化历来非常注重对人们道德素质的培养，因此古代教育非常重视道德教化，并且强调要在实践中自省，在外在的言行上表现出自己的道德修养来。这些中国传统文化的教育思想充分体现了人们"以文化人"的精神。这些思想沉淀下来，也成了当代高校思想政治教育的宝贵资源，在现在的高校思想政治教育中，也要坚持这样的教育准则。

（一）培养整体观念

在批判继承的基础上，中国传统文化对当前的思想政治教育有积极的借鉴意义，从本质上说，中国传统文化植根于古老的农耕文明，是一种以宗法血缘关系为机制、以伦理道德为基础的、庞大而复杂的文化系统。它的存在，对中华民族的思维模式、价值观念、行为方式和风俗习惯等都产生了潜移默化的重要影响。而这种影响体现在思想政治教育领域则是以华夏子孙所特有的、富于民族特色的自然观念、民族精神、国家意识、社会理想和人生取向等因素表现出来的。

1. 追求"天人合一"

在我国传统文化中，人与自然环境的关系被称为"天人关系"。而"天人关系"的首要层面是人源于天，即人来自自然界。如道家有言："道生一，一生二，二生三，三生万物。"人源于天，但并非意味着人在天的面前就无足轻重。《周易》曾提出"三才说"，认为"有大道焉、有地道焉、有人道焉"。

值得强调的是，中国传统文化中对人在以天、地为标志的自然环境中地位的界定是建立在人性自我实现的基础之上的，而人性的自我实现则需依赖人"与天地合其德，与日月合其明，与四时合其序"，即"天合"。由此可见，作为自然界的一部分，由于人出于自然，以天地为父母，以万物为友朋，人对自然便应采取顺从、友善的态度。人类只有返璞归真、"知天命"而用之，合理地开发、利用和保护自然环境，才能达到与自然的相类、相通、相知和最终的相合。因此，人与自然的和谐与统一，便是人类自足其性并最终达至理想境界的基本路径。

2. 恪守"自强宽厚"

民族指人类历史发展过程中所形成的具有共同的、稳定的心理素质和精神品质的人的共同体。中华民族是由以汉族为主体的五十六个民族在长期的共同生活中逐渐融合而成的温暖的大家庭。在这个大家庭中，各族人民互帮互助、互谅互让，同心协力地应对自然和社会中的一切挑战，逐渐孕育出光辉灿烂的传统文化，并进而积淀出以爱国主义为核心的伟大民族精神。

我们的民族精神深深地渗透于以儒家思想为主流的中华民族特有的政治、教育和伦理道德之中，其基本要旨主要包括两个方面：其一是"天行健，君子以自强不息"。这句话形象地概括了中华民族刚健有为、奋发向上的民族精神。孔子说过："不知命，无以为君子也。"其弟子曾参也认为："士不可以不弘毅，任重而道远，仁以为己任，不亦重乎？死而后已，不亦远乎？"这对知识分子的刚毅品质提出了要求。这些都形象地体现了中华民族百折不挠、善进取的开拓精神和刚毅果敢、坚忍不拔的传统美德。其二则是"地势坤，君子以厚德载物"。这句话集中阐述了中华民族精神中宽宏博人、兼容并蓄的内在情怀。

3. 信奉群体至上

中国传统文化素以重视国家利益、集体利益和大局利益著称于世。这种为家、为民族的集体主义精神，既是中国传统文化的核心内容，也是传统国家意识的基石。在中国传统文化中，天、地和人是合而为一的整体，国、家和个人之间的利益也是一致的、统一的。总之，中国传统文化中的以群体至上为特征的国家意识不仅塑造了中华民族的整体主义精神，为国家的长期统一和稳定提供了心理支撑，而且孕育了伟大的爱国主义传统。而在这一传统的熏陶下，中华民族不仅涌现了无数矢志爱国的英雄人物，而且从爱国实践中升华出立志报国的人生观、价值观，形成了国家和人民利益高于一切的基本取向，从而为中国传统的道德教育积累了宝贵的财富。

4. 崇尚"和而不同"

"和"是中国传统文化的核心概念。孟子就曾有"天时不如地利，地利不如人和"的观点。在协调国与国之间的关系时，孔子及其弟子的"礼之用，和为贵""四海之内，皆兄弟也"的信条，还有宋代张载的"民吾同胞，物吾与也"的宣言，也一起构成了弘扬和合精神的思想罗盘。中国文化中的尚"和"思想甚至给大洋彼岸的西方人也留下了深刻的印象。

（二）塑造圣贤品格

人格在我国传统文化中主要指道德水平。因此，特定的人格便成为一定道德层次的标志。对圣贤人格的追求，是中国传统文化的重要内容，也是传统文化中思想政治教育的基本目标。中国传统教育追求的是塑造具有圣贤人格特点的个体，道德品格的培养和社会责任意识一直居于古代教育的首位，古人提出了很多关于君子、圣人的标准，其要求人们去实践、去提升，最后达到"止于至善"的境界，这是最高的道德层次。

1. 圣人

圣人是中国传统文化中理想人格的最高境界。关于圣人，孔子在《论语》中共有四次言及。在这些论述中，他把尧、舜、禹、汤、文、武、周公等中国远古的最高统治者所统治的社会看作人类的理想社会，把他们本人当成圣人，认为他们的道德风尚堪称理想的人格典范。然而，孔子在肯定了古代先王圣人品性的同时，又对现实中圣人存在的可能性加以否定。究其原因，应该在于孔子制订的圣人标准过于严格。因为，从孔子留在《论语》中的相关言语来分析，他所崇尚的圣人品格，正类似于《左传》中所说的"太上有立德，其次有立功，其次有立言"的"三不朽"事业创造者所达到的道德境界。

与孔子界定的圣人人格标准截然不同的是他的传人孟子。孟子从其笃信的性善论出发，认为既然人人都有仁、义、礼、智之"四端"，其结果便是"人皆可以为尧舜"。孟子还站在儒家积极入世的立场上，把社会所需要的理想人格设计为善、信、美、大、圣、神六个不同的发展层次，并对每个层次的人格价值标准做出了相应的规定。他认为"可欲之谓善，有诸己之谓信，充实之谓美，充实之有光辉之谓大，大而化之之谓圣，圣而不可知之之谓神"。由此，孟子就为一般人经过努力而最终成为圣人理想的实现搭起了一座实实在在的桥梁。早在先秦时期，教育就以培养圣人人格为终极目标了，而这也正说明中国传统文化中理想人格教育有着悠久的历史。

2. 君子

君子是中国传统文化中理性人格的核心要素。从实践的层面上说，传统文化中的圣人人格由于标准太高，在操作上存在着困难。与之相比，君子人格则无论在理论阐释，还是在实际践行的层面上，都更容易为社会的不同阶层所接受。因而，对于君子人格的关注则成为以儒家为代表的中国传统文化的重中之重。

"君子"概念，最早见于《尚书》和《诗经》。《尚书》中有五六处出现君子一词，《诗经》中见于《国风》《大雅》和《小雅》者，则多达一百五十多处，其义大致指社会地位，如"窈窕淑女，君子好逑""彼君子兮，不素餐兮"等。

"君子"获得道德内涵，成为社会普遍人格的楷模则是春秋战国时期。据记载，儒家经典《论语》共四百九十二章，其中与君子有关的就有六十多章，计一百零七处，这突显出孔子对君子人格的重视。孔子认为君子是美好道德的追求者和体现者，是德才兼备的人，是理想人格的化身。对于君子人格的实现，孔子则强调君子必须摆脱物质利益的引诱，把远大的政治理想和抱负放在第一位。他说："君子谋道不谋食"，"君子而耻恶衣恶食者，未足与议也。"他还要求君子必须具有崇高的道德气节，"临大节而不可夺"，能够"无求生以害仁，有杀身以成仁"。

3. 士或成人

士或成人是中国传统文化中理想人格的基本标准。"士"的本意为具有"万夫不挡"之勇的武士和能够"运筹帷幄，决胜千里"的文士。从历史的角度看，不管武士或者文士，他们的出现都伴随着相似的政治目的，即辅佐统治者，凭借其"文韬武略""文治武功"的政治才能获得社会的充分肯定，实现人生价值。

无论是成士，还是成人，基本的礼仪规范和人格尊严是必备的条件。儒家道德的"成士""成人"之标志，首先是明晰"礼"的秩序。《礼记》有云：凡人之所以为人者，礼义也。礼义之始，在于正容体、齐颜色，顺辞令。正容体、齐颜色，辞令顺，而后礼义备。以正君臣，亲父子，和长幼。君臣正，亲父子，长幼和，而后礼义立。其次是确立凌云之志。孔子说："三军可夺帅也，匹夫不可夺志也。"他还说，对于有仁德的君子，摧残其身体是小事，而侮辱其尊严则是不能忍受的，此所谓"士可杀，不可辱"。孟子也很重视人格尊严。他提出："生亦我所欲，所欲有甚于生者，故不为苟得也。死亦我所恶，所恶有甚于死者，故患有所不辞也。"这就表明，所谓"所欲有甚于生者"，是指人格的尊严；而所谓"所恶有甚于死者"，则指人格的屈辱。为了保持人格的尊严，宁可牺牲自己的生命也绝不屈服。

由此可见，中国传统文化中对于士和成人人格理想的追求，着意于培养人的一种社会责任感，即帮助人们走出"私"的园囿，追求一种忘私、无私的道德境地。其目的在于引导人们向圣人、君子理想人格看齐，从而尽可能地提高自己的道德水平和人生境界。

总而言之，无论是"圣人人格""君子人格"，还是"士的人格"抑或"成人人格"，都是中国传统文化中对人们道德品质的总体要求，也是人之为人的具体标准。客观地说，在中国长期的社会发展中，尽管成圣成贤的人格理想没有也不可能完全实现，但这种理想却实实在在地鼓舞了一代又一代的知识群体，并造就了不少令后人由衷钦佩的仁人志士，其思想政治教育的意义是显而易见的。

（三）注重言传身教

中国传统文化注重言传身教，强调教育应该遵循身正为范、因材施教和循序渐进等基本原则。崇德、重德，德教为先，是中国传统文化的光辉传统。孔子就曾对德教的重要社会作用做过说明，他说："为政以德，譬如北辰，居其所而众星共之。"孟子也认为："仁言不如仁声之入人深也，善政不如善教之得民也。善政，民畏之；善教，民爱之。善政得民财，善教得民心。"只要"德教溢于四海"，社会就能保持稳定，人民就可以安居乐业。中国传统文化在强调道德教化的重要性的同时，也为其在社会生活中的实践做了较为详尽的规定，形成了许多富于操作性的思想道德教育原则。这些原则，从总的方面来看，可以归结为三个层面。

1. 因材施教原则

因材施教指在思想道德教育过程中，教育者根据教育对象的不同特点而相应地采用不同的教育方法，以充分调动受教育者接受道德教育的积极性和主动性，从而受到良好道德教育效果的一种德育原则。因材施教原则在中国传统道德教育中有着悠久的历史。早在两千多年前，孔子便在总结前人和自己教育经验的基础上首次提出了"因材施教"的思想。孔子通过日常观察，掌握每个学生的品德才识，由此确定不同的教育内容和进度。

2. 循序渐进原则

在思想道德教育中，无论是言传层面的因材施教，还是身教层面的率先垂范，都必须遵照循序渐进的基本原则。所谓循序渐进，指在思想道德教育过程中，教育者要根据道德教育本身的内在规律以及教育对象的生理和心理生长发育之特点，采取相应的教育对策，按部就班、有条不紊地对受教育者进行教育和引导，以实现其道德认识的逐渐深化和道德行为模式的不断完善的一种德育原则。

将言传与身教融为一体，形成合力，共同作用于思想道德教育实践的原则体系的建构，一方面顺应了教育对象的身心发展规律，有利于提高其接受道德教育的自觉性与主动性，增强教育的实际效益；另一方面，这种体系内在的客观性和形式上的可操作性也为道德教育者认知、理解和在实际教育工作中践行提供了便利，而有助于增强思想道德教育工作的目的性和针对性，提高德育的工作效率。

3. 身正为范原则

在进行思想道德教育时，教育者自身的榜样力量和示范效应是非常重要的因素。孔子说过："其身正，不令而行；其身不正，虽令不从。"他还指出："君子之德风，小人之德草，草上之风，必偃。"这形象地说明了教育者自身的人品形象对受教育者的道德养成所起的重要作用。道德教育中榜样的力量不仅对于个人是如此，对于整个社会来说，它的作用也是不言而喻的。作为整个社会道德的楷模，统治者的道德品质状况也直接影响着社会群体公正秩序和良善风俗的形成和发展，是整个社会思想道德觉悟与水平的晴雨表。要想在社会上树立良好的德风，统治者自己必须率先垂范，带头培养好自己的德性。

（四）以人为本，以和为贵

以人为本、以和为贵是中国传统文化思想教育的重要内容。所谓和谐社会，就是在物质繁荣的基础上，每个人都能表达自己的诉求。和谐社会指出我们不仅要关注物质生活的提高，而且还要注重人在社会中的良好社会功能以及人与人的良性互动，这样的社会才是健康的社会。民族的伟大复兴最后还是人作为文明的建设者的伟大复兴。从这个意义上讲，和谐社会是对人的价值与存在意义的积极肯定，同时也对人作为社会的一分子提出了更高的要求。

以人为本的重要意义在于人是社会的细胞，人的进步是社会进步的前提，人的发展是社会发展的基础。同时，人的和谐是社会和谐的主要体现。

以人为本的原则几乎被运用到从古至今所有正确的战略与方针中。长期以来，中国是一个以农为主的传统国家，小农经济是封建统治的经济基础和整个国家财政收入最可靠的来源。与此同时，占全体国民绝大多数的农民是安居乐业，还是"啸聚倡乱"，直接关系着国家政权的稳定，影响着政治支持最大化目标的实现。因此，在漫漫历史长河中，围绕着"如何对待人民群众（其中主要是农民）"这一重要问题，无数先圣前贤都给出了诸多"高见"，如西周时周公的"敬德保民"、春秋战国时期孟子的"民贵君轻"、西汉淮南王刘安的"利民为本"、唐初李世民的"国以民为本"和"君舟民水"、清朝黄宗羲的"民为邦本"等，并逐渐形成和发展为"重农"和"民本"这一中国古代重要的政治学说。这一思想是在维护封建制度、不摒弃君民间不平等政治关系的前提下得以推行的，固然具有很大的历史局限性，但它在治国安邦、稳定政局和促进社会发展方面客观上也起到了一定的积极作用。因此，以人为本的思想是在对中国传统"重农""民本"思想彻底扬弃的基础上，关乎农民根本利益的政治思想。

这些传统思想精华的现代传承能够促进全方位、多层次的建设社会主义和谐社会，遵循这样的民本思想，能更好地推动社会各阶层的和谐相处。只有以人为本，才能做到尊重劳动、尊重知识、尊重人才、尊重创造，才能形成人人都可以成才、人才存在于人民群众之中的观念，才能做到群众利益无小事，并且使发展的成果惠及全体人民。只有所有社会成员都有了平等的国民待遇，方才有可能在此基础上建设中国特色社会主义和谐社会，从而为中华民族的伟大复兴增添新力量。

三、中国传统文化对思想政治教育方法的意义

中国传统文化重视人格修养，强调律己修身。《礼记·大学》中说："自天子以至于庶人，壹是皆以修身为本。"这就是说上至天子，下至平民，一切都要以修身为做人处事的根本。只有"修身"，实现自我发展与自我完善，才能齐家治国平天下。在传统中国的发展历程中，我们形成了一整套富有中国特色的修养方法，如慎独、内省、自讼、主敬、集义、养气等。其中最有代表性的就是曾子所说的"吾日三省吾身"，它体现的是一种自觉自律的道德要求，这正是优秀品德形成的内在动力。对大学生进行这方面的修身教育，可以充分激发他们的主体意识，把"你应如何"的外在要求，变成"我要如何"的内在律令，这将会极大地提高思想政治教育的实效性。传统的修身方法主要有以下几个方面。

（一）学思并重

子曰："学而不思则罔，思而不学则殆。"这就是说无论是通过书本学习，还是通过向别人请教学习，都必须经过头脑的认真思考，做到学与思的有机结合。

学是首要的。子曰："吾尝终日不食，终夜不寝，以思，无益，不如学也。"意思是说我曾经终天不吃饭，整夜不睡觉，思考问题，但没有益处，还不如实实在在地学。《韩诗外传·卷六》引孔子的话："不学而好思，虽知不广矣。"进一步阐述"思"必须以"学"为基础，思而不学，则"思"只能是无本之木，无源之水。其次，孔子非常重视在学习中养成勤于思考的习惯。孔子从锻炼学

生的逻辑归纳和推理能力来培养其勤于思考的习惯，做到"闻一知十""举一反三"等。

在思想政治教育过程中，受教育者不是被动地学习，而是在思考中主动地学习，只有这样，才能使道德知识内化为个体的道德修养。最后，学思结合才能达到良好的学习效果。子夏曰："博学而笃志，切问而近思，仁在其中矣"。后来将其发展为"博学、审问、慎思、明辨、笃行"。学与思是一套组合拳，二者是统一的，它们相互促进，不可分割。

（二）慎独

所谓"慎独"就是《中庸》中所说的"莫见乎隐，莫显乎微，故君子慎其独也"。慎独也就是一个人独自居处的时候严于律己，戒慎恐惧，"如临深渊，如履薄冰"，防止有违背道德的思想或不符合道德要求的行为。强调君子在他人看不见、听不到自己言行的时候，也要特别注意检点自己。"戒慎乎其所不睹，恐惧乎其所不闻。"

慎独是我国传统文化提倡的一个十分重要的修养方法，它体现了严格要求自己的道德自律精神。《辞海》称："儒家用语，谓在独处无人注意时，自己的行为也要谨慎不苟。"早在《诗经》中就暗含了这种思想。《诗·大雅·抑》有云："相在尔室，尚不愧于屋漏。"意思是说，即使你独自一人在室也无愧疚，即在独处时或在暗处时也不做坏事或有坏的念头。虽然没有使用"慎独"这个字眼，但包含了"慎独"的意思。"慎独"作为道德修养的方法，组合为一个词最早出现在《大学》《中庸》里面。因为一个人在独处之时，最容易滋生一些坏的想法，去做不道德的事情，所以，道德修养尤其要警惕独处之时。

我们都知道越是隐蔽的地方越能看出人的品质，越是微小东西越能显示人的灵魂，品德高尚的人往往就是在这关键的时刻做到严于律己、提升道德境界的。朱熹说："君子慎其独，非特显明之处是如此，虽至微至隐、人所不知之地，亦常慎之小处如此，大处亦如此；显明处如此，隐微处亦如此。表里内外、精粗显微，无不慎之，方谓之'诚其意'。"目前，在社会主义市场经济激烈竞争的压力下，一些大学生单纯重视自己知识和技能的提高，过分强调功利，囿于自己有限的认识问题的能力，而忽视人格的养成。所以，大学生的自我修养应从当下、从细微、从隐处做起，加强自律，树立正确的行为导向，以明辨是非、善恶、美丑，塑造完美人格。

（三）省察克治

所谓"省察"，就是自我反省、自我检查，以此找出自己思想和行为中的问题进行探讨。所谓"克治"，就是克服和整治，纠正不良倾向，改正毛病和坏的习惯。这为当代大学生正确处理人际关系提供了可借鉴的原则和方法，形成了中华民族的一系列传统美德。省察克治作为古代道德修养的基本方法，主要包括以下几个方面的含义。

1. 自省

"自省"就是自己要经常在内心反省自己的言行，扫除邪恶的东西，保留善的东西。要求人要经常反省自己的思想和行为，辨察自我意识和言行中的善恶是非，可以帮助及时改正自己的过错。孔子也说过"内自省"，曾参曾说过"吾日三省吾身，为人谋而不忠乎"，孟子则提出"反求诸己"的思想。自省相当于现代人所说的自我批评，是传统文化中儒家所倡导的一个重要的修养方法。

自省是我国传统道德中一个基本的修养方法，强调道德修养的自觉性。孔子重视自省，《论语·颜渊》有云："内省不疚，夫何忧何惧？"此处"内省"也指"自省"。孔子的自省不是闭门思过，而是时时处处的自我反省。例如，"见贤思齐焉，见不贤而内自省也""三人行，必有我师焉。择其善者而从之，其不善者而改之"。孔子的这些思想开拓了学习者学习和修养的视野，有利于我们随时随地地学习和提高自己。关于自省还有一句，那就是"吾日三省吾身——为人谋而不忠乎，与朋友交而不信乎，传不习乎"，这句话的意思非常简单，关键就在于坚持去做。

2. 内察

"内察"已经不再是单纯的自省，它要求深入到行为动机的层面，源于"自省"但又高于"自省"，比自省更深刻、更严格。王阳明先生非常形象、生动地用猫捉老鼠的故事形容抓住头脑中一闪而生之邪念，即不正当的私欲，把它完全、彻底地克服掉。他说："省察克治之功，则无时而可间，如去盗贼，须有个扫除廓清之意。无事时将好色、好货、好名等私欲逐一追究，搜寻出来，定要拔去病根，永不复起，方始为快，常如猫之捕鼠，眼睛看着，一耳听着，才有一念萌动，即与克去，斩钉截铁，不可姑容与他方便，不可窝藏，不可放他出路，方是真实用功，方能扫除廓清。"改过与"省""察"紧密相关的一个问题是改过，其实自省和内察的目的就是改过，只有改过才会提高修养。

改过关键在于勇气，在于对待错误的态度。子曰："过则勿惮改。"有了过错就不要害怕改正，这是对待错误的唯一正确态度。"人非圣贤，孰能无过？过而能改，善莫大焉"。如果有了过错，坚持不了改正的话恐怕就是真的错了。"过而不改，是谓过矣！"孔子曾经称赞颜回"不贰过"，说明颜回就做到了勇于改过，不重复同样的错误，善于从自己的错误中学习，通过改过来提高自己。可见，改过也是一种重要的学习方式，是一种提高自己道德修养的重要方法。

对待自己错误的态度，可以反映出一个人的品质。君子坦坦荡荡，光明磊落，从不遮掩自己的错误；小人则与之相反。子贡曰："君子之过也，如日月之食焉；过也，人皆见之；更也，人皆仰之。"子夏曰："小人之过也必文。"其讲的就是这个意思。

文化的发展具有历史继承性，我们要按照培养社会主义"四有"新人的标准，对传统文化的修养方法进行合理的取舍和改造。相信在立足传统的基础上，依据马克思主义的立场、观点和方法，充入今日社会的道德要求和鲜活的时代生活内容，会极大地丰富大学生思想政治教育的有效途径和方法。

四、中国传统文化对思想政治教育效果的意义

将传统文化应用于大学生的思想政治教育，有利于提高大学生思想政治教育的实效性。因为文化具有很强的渗透性、持久性，而中国传统文化有着深厚的历史内容，这些内容很容易影响大学生的思想情感，带来"润物细无声"的效果，进而内化为大学生的思想品质和外在品行。

传统的中国文学、戏曲、书法、礼仪等文化资源，又可以为大学生的思想道德教育提供更多的切入点，这种文化的浸染可以充分调动大学生学习的积极性、主动性，提高其学习思想政治的兴趣，引起共鸣，这为进步扩展大学生思想政治教育的途径和方法提供了可能，让思想政治教育的方式多样化、丰富化，能够极大地提升大学生思想教育的感染力和吸引力，从而提高大学生思想政治教育的实效性。

第三节　中国传统文化在高校思想政治教育中的价值

一、中国传统文化的政治教育价值

（一）中国传统文化在社会主义核心价值观培育中的功能

传统文化是社会主义核心价值观养成的宝贵资源，有利于促进社会主义核心价值观的培育。

第一，示范功能。传统文化在我国成功传播的先进经验可以成为培育社会

主义核心价值观的示范。我们可以借鉴培育传统文化的成功经验来培育社会主义核心价值观。传统圣贤的人格风范对于高校学生培育社会主义核心价值观具有重要示范作用。中国古代先人的爱国、敬业、诚信、友善，对于全民族全社会都具有示范意义。

第二，引导功能。当前我国社会的主流意识形态存在被边缘的危险。引导人们自觉接受社会主义核心价值观是走出主流意识形态困境的好方法之一。一直以来传统文化教育都是教育的重要内容，在高校学生中间已经有较好的基础，用传统文化引导高校学生自觉接受、自觉践行社会主义核心价值观。

第三，资源功能。传统文化是一种在人们培育社会主义核心价值观的过程中可以被开发利用的重要资源。传统文化可以分为物质层面的传统文化、精神层面的传统文化和制度层面的传统文化。物质层面的传统文化既可以通过中华民族艰苦的物质生活教育人民为实现中国梦而奋斗。精神层面的传统文化通过历史时期的民族精神和优秀的传统道德，能够帮助人民立志于建设社会主义事业。制度层面的传统文化让高校学生在实际体验中感受社会主义制度的先进性，自觉树立社会主义核心价值观。

（二）以中国传统文化培育社会主义核心价值观

高校要开展丰富多彩的各类活动，把传统文化深深植根于高校学生的精神世界里。在高校学生中开展传统文化教育和传播是时代的要求，也是历史的要求。

第一，善用相关资源，有针对性地进行传统文化教育。首先，利用当地乡土资源进行传统文化教育。应当有效地利用这些身边的资源开展教育，通过身边的乡贤榜样熏陶能够取得更好的效果。例如，一些地方高校善于利用区位优势和特点，与周边的传统文化教育基地开展共建活动，建立若干相对稳定的社会实践基地，定期组织学生前往参观瞻仰，并取得了良好的效果。其次，开展传统文化教育也必须利用仪式教育。中小学通过冠礼等仪式培养学生的责任感。高校学生培养传统文化所包含的精神内涵也要采用各种仪式。最后，善于利用网络资源进行传统文化教育，善于利用时间节点和仪式进行传统文化教育。对高校学生进行传统文化教育要善用时间点。一个是高校学生在学校生活的重要时间点，如开学、毕业和获奖这几个时间点进行教育就特别重要。再如利用重大历史事件、纪念日，如元宵节、端午节等这些重要时间点进行教育也可以取得不错效果。网络资源的利用不仅拓展了传统文化教育的内容和形式，还对高校学生的网络行为进行了规范，使他们养成了自觉浏览传统文化网站、自觉学习传统文化的好习惯。

第二，开展多种形式的传统文化教育。首先，在思想政治教学中融入传统文化教育。思想道德修养课教师可以在讲课中贯穿传统文化的内容，这样还可以提高学生的学习兴趣。太多的古人的例子和光荣的历史可以作为思想政治理论课的案例。体现传统文化的内容天然地适合在思想政治教育课上讲授。其次，开设相关课程，举办各类专题讲座。开展传统文化教育也可以举办一些讲座。中国先辈的故事、中华民族波澜壮阔的历史、中国人奋勇拼搏为国增光的光荣事迹等，很受高校学生的欢迎。如果能请这些历史人物的研究专家现身说法，必然可以起到非常好的作用。最后，编写高校学生传统文化学习读本，推荐阅读传统文化书籍。传统文化读本的编写力求丰富多彩，贴近实际，可以介绍中国古人的奋斗事迹，可以介绍传统文化的起源和发展，以及历史上发生的奇闻逸事。

第三，开展传统文化实践活动。首先，通过丰富多彩的实践活动使高校学生切身感受到传统文化的魅力。高校管理者要高度重视高校学生的传统文化实践活动，为学生的传统文化活动提供条件，解决开展活动的实际困难。其次，开展高校学生践行传统文化精神实践活动。传统文化教育要落到实处就要不能停留在认知、认同、内化等层面，而必须进行外化、践行。践行传统文化精神要求帮助高校学生首先找到自己的人生目标，树立为社会主义事业奋斗的远大理想。在学习和生活中，以爱国、敬业、诚信、友善来要求自己。身体力行，做传统文化的践行者。最后，加强课外实践。利用传统文化资源培育大学生的社会主义核心价值观，不能停留在理论学习、理论思考的层面上，要将重点放在践行上。通过课外实践活动让高校学生走进历史遗迹、走进火热的现实生活，可以使高校学生更加真切地体会传统文化，使社会主义核心价值观的培育达到预期效果。

二、中国传统文化的思想教育价值

在马克思主义来到中国之前，中国人已经有了自己的世界观和价值观。中国传统文化是中国人接受马克思主义的良好的思想基础。马克思主义能够在中国进行传播的一个重要原因就是马克思主义与中国传统文化的深度契合。中国的知识分子正是从马克思主义与传统文化的契合方面去理解马克思主义的。从历史角度分析，我国最为杰出的马克思主义者就是中共领导人，而他们都具有丰富的中国传统文化修养。

中国大学生的思想政治教育有着与时代相符的指导思想，但是离不开中国传统文化的思想土壤。教育者要挖掘中国传统文化中的思想道德资源，以优秀的传统文化为载体引导今天的大学生学会用整体的眼光和思维去看待问题，更加全面地去给自己充电，激发学生更加广泛的学习和探究兴趣，而不是只囿于自己的学科和专业。同时加强心性的提升，使之真正意识到求真与求善、致知与修为的共通关系，重新评估自身的价值，正确定位自己，树立科学的世界观、人生观和价值观，在求学求知的过程中不忘本心，尊德崇德，从而真正实现自身的全面发展。

三、中国传统文化的道德教育价值

传统中国人非常注重道德修养。社会主义道德建设必须继承中国传统文化中"讲道德、尊道德、守道德"的文化传统。道德素质发展的目标是促进主体道德认识、道德意志的发展。

（一）提升主体的道德认识

中国传统文化中丰富的道德认识能够丰富主体的道德知识，提高其道德修养。首先，提供理性精神。德行与理性的一致性要求人们要依据理性的原则做事。中国传统文化的理性精神首先表现为不受宗教束缚，大多数中国人并没有宗教信仰。儒家学说不是宗教但却能够发挥宗教的作用。中国传统文化的理性精神还表现为具有唯物论和辩证法的传统，中国人总是力求客观地认识世界和自身。其次，奠定道德知识的基础。传统文化中有着丰富的道德知识，它可以奠定人们道德修养的基础。例如，传统文化中有许多的道德格言，一句"天下兴亡，匹夫有责"就让人们明白对国家和民族的道德责任。最后，培养共同的道德意识。中国传统文化不仅有助于个体形成一定的道德认识，还能在个体之间形成道德共识。

（二）激励主体的道德意志

传统文化有利于激励主体的道德意志，其主要通过榜样示范、外部强化和环境熏陶等机制来发挥作用。首先，砥砺顽强性。中国传统文化弘扬一种顽强的奋斗精神，重视气节，主体不管外部环境如何都要坚持自己的道德追求，不能改变自己的道德品质。中国共产党人正是继承了传统文化中顽强的品格才取得革命的胜利。其次，炼砺自制性。中国传统文化倡导专注和自我克制，"克己复礼"的道德要求使人们有了强大的自制力，能够按照社会的道德要求去行事。中国文化倡导忍耐，主张人们遇事忍耐。最后，锤砺果断性。中国传统文化推崇果断的意志品质，正所谓"言必信，行必果""谋而能断"，就是说做事情不要犹犹豫豫瞻前顾后，想通了就迅速采取行动。

四、中国传统文化的心理教育价值

心理教育的最终目的是提高受教育者的心理素质。现代社会生活的飞速变化使人们的心理产生了不适应性，许多本身心理素质并不强大的人面对巨大的心理压力会无法合理地进行心理调适，乃至患上了心理疾病。而中国传统文化中的心理思想有着独一无二的心理健康教育价值。大学生是心理疾病发生的高危人群。中国传统文化对于个体心理健康的形成有着重要的意义。

（一）以乐观精神培育积极的心态

中国传统文化有利于培养现代人积极的心态。积极的心态会促进人的身心健康发展，而消极的心态不利于身心的健康发展。

引导积极的情绪。积极的理性认识和积极的情绪并不相同，明明从理性上分析知道某件事不应该感到消极与难过，但是人的主观情绪还是会产生消极悲伤的情绪。举例来说，如果某个人面试失败了，从客观理性的角度来说，这只是一件很正常的事情，而且就算那个公司的发展前景一般，人还是会产生悲伤与消极的情绪。而中国传统文化可以引导人们产生积极的情绪。举例来说，古代文人如果遇到不愉快的事情就会用诗或词来抒发心中的不快，这样就排解了负面情绪，从而为产生积极的情绪提供了条件。

培育积极的理性。中国传统的哲学充满了乐观精神，从而为人们积极的心理提供了理性依据。中国传统辩证法认为矛盾总是相互转化的。事物的发展是曲折的，但是总体趋势是向前发展的。从培育积极心态的角度来说，这就是说积极心态的建立是一定会发生的，只是时间的早晚而已。中国传统辩证法尤其注意从事物的对立转化角度来对待消极的事物，强调要从困难中看到机遇，把危机化为转机，把坏的因素向好的方面转化。

激发积极的行动。心理问题大多是因为现实生活的不如意而引起的，只有改变不如意的现状解决心理问题。而中国传统文化激发出人们解决问题的行动力。传统文化中积极行动的榜样有很多。文王拘而演《周易》，仲尼厄而作《春秋》，屈原放逐乃赋《离骚》。中国传统文化充满了积极行动的正能量。

（二）以人伦精神形成和谐的人际关系

维护心理健康需要健康和谐的人际关系。中国传统文化中的人伦精神有助于形成和谐的人际关系。

化解人际冲突。人际冲突对和谐人际关系的建立是不利的。中国传统文化关于处理人际关系的内容有很多，这可以帮助我们化解人际冲突。传统文化中化解冲突主要办法有两种：第一，"以直报怨"。对待仇怨要该怎样对待就怎样对待，不能因为别人对自己有仇怨就故意给别人使坏。第二，"忠恕为本"。对于他人的过失，抱着一颗宽容之心，对于自己的事业，抱着一腔忠诚，忠于自己的人生职责。

促进积极沟通。人际关系建立的基本条件是沟通，传统文化中关于人际沟通的意义有许多论述。例如，《礼记·学记》说"独学而无友，则孤陋而寡闻"，意思是说和朋友在一起沟通对学业有促进作用。

营造和谐氛围。和谐人际关系的形成和整体的社会氛围和群体氛围密切相关。在人际关系方面中国传统文化强调要使五伦各得其所。

五、中国传统文化的创新教育价值

（一）中国传统文化的创新性

随着社会的发展，各门学科的边界正在被打破，一门学科要想创新，就需要和其他学科融合，交叉渗透。这种交叉，其实是科学发展的必然，没有哪一个学科是能单独存在的。只有这样，学科才能进行创新，获得新的生命力，获得新的发展与进步。思想政治教育也不例外，也与很多学科有着交叉渗透，从内容上看，它包含着哲学、历史学、心理学、美学等方面的内容，涵盖着多种与"人"有关的学科。而思想政治教育要想发展创新，也必须和这些学科深度交叉融合。

在我国，思想政治教育学科在几十年的发展历程中，成果丰硕，为社会主义建设做出了巨大贡献。但现代社会发展速度一日千里，已经与原来的发展形势不可同日而语，且比以往任何时候发展得都要快，经济一体化、信息全球化和大数据时代所带来的消费主义、快餐文化不断地冲击着我们的思想观念，在这种情况下，当代青年的认知方式和价值判断标准也发生了相应的变化，原有的思想政治教育形式和内容，都不能满足现实的需求，社会和时代都给思想政治教育提出了一定的要求。

推动中国传统文化与思想政治教育的渗透融合，能够充分挖掘和发挥中国优秀传统文化在思想政治教育过程中的育人功能、稳定社会功能和整体凝聚功能，能够拓展思想政治教育研究的新视角，把植根于中国人内心的优秀传统文化精神与马克思主义中国化理论相结合，这是引领当代中国思想政治教育良性健康持续发展的必由之路和科学选择。中国的传统文化从来不缺乏创造力。中国的传统文化向来推崇创新精神，它以自身独有的思维方式和价值取向为培养创新型人才打下了一定的基础。

1. 中国传统文化的创新实践

中国传统文化中有许多富有创新精神的实践活动，我们可以从思想文化、经济、政治和科技四个方面来分析中国传统文化的创新精神。

第一，思想文化创新实践。中国先秦时代的文化被称为轴心期文明。当时的思想学术就已经在世界范围内领先了。轴心期文明以后佛教传入中国，产生了中国化的佛教和新儒学，两大轴心文明完美融合，完成了文化的又一创新。后来中国文化传播到东亚一带，形成了东亚儒家文化圈，这代表了中国传统文化具有适应各个不同国家、不同民族文化的创新性。

第二，经济创新实践。中国古代在经济方面的创新实践也非常丰富。首先，经济制度的不断创新。西周实行井田制，春秋战国则实行土地私有制。战国时期，商鞅变法废井田、开阡陌，为经济发展注入了新的活力。秦朝实行土地私有制，统一货币。汉武帝时改革币制。西晋创立户调式这一经济制度。唐代先后开创租庸调法、两税法。明代开创一条鞭法。清代实行摊丁入亩。其次，经济流通手段的不断创新。商朝出现了商业经济，并且以贝类为货币。西周用金属作为货币。宋代则出现了世界上最早的纸币交子。

第三，政治创新实践。首先，中国传统文化的政治创新实践是创造了一个人口数量庞大、文化丰富的中华民族。其次，政治制度创新。中国古代的历朝历代实行了许多不同的政治制度。西周实行封建领主制度，秦则实行封建地主制政治体制。隋朝实行三省六部制，尤其值得一提的是创立了科举制。最后，政治改革创新。中国历史上出现了大量的政治改革实践。齐桓公任用管仲实行改革成为春秋五霸之首。战国时期先后有李悝在魏国的变法、楚国吴起改革、赵韩齐燕改革、秦国商鞅变法。

第四，科技创新实践。中国古代的科技创新有以下两个方面的特征：第一个是科技创新水平长期位于世界前列。在3世纪到13世纪之间，中国科技水平遥遥领先于西方。第二个是这些科技成果对世界各国都产生了广泛而深远的影响。

2. 中国传统文化的创新思想

中华民族是一个推崇创新的民族。《周易》讲的是变易之理。法家的变法理论强调创新。兵家推崇新颖的思考方式，出奇制胜。

第一，人才是创新之本。中国传统文化就十分重视人才的作用，强调创新要靠人才驱动。各朝代的君主帝王都十分重视人才，科举考试也是为了选拔人才，笼络人才。中国传统文化当中也有许多反映重视人才的格言警句，如"三军易得，一将难求"。

第二，创新应是一种自然的现象。中国传统文化认为变化才是生活的常态，生活的本质在于不断的变化，而创新和变化是分不开的。从政治关系来说，"一朝天子一朝臣"，政治权力格局在不断地变化。从财产关系来看，"千年的田地八百主"，财富永远处于变动的状态。从个人际遇来看，"黄河尚有澄清日，岂可人无得运时"，人生有高峰有低谷，并不是一成不变和一帆风顺的。

第三，创新的质量高于数量。中国传统文化十分重视创新的质量。古代文学家多年才出一部精品的大有人在。传统文化的创新质量观正是今天我们所需要的。

（二）传统文化经典与创新人才培养

在世界教育史上，经典曾经是最为重要的课本，经典教育曾经是最为重要的教育内容和教育形式。然而随着时代的变化、科技的进步，经典教育逐渐退出了历史的舞台。教育活动也变得丰富多彩起来，改变了以经典为唯一教授内容的狭隘境界，学生的发展由纯粹的偏向智力发展、学术发展向全面发展进化。在欧美等发达国家的世界一流大学，经典教育仍是高等教育的重要内容。重新审视我们的高等教育，我们发现经典教育的缺乏一定程度上限制了我们人才培养的数量和质量。补上经典教育这一课是我们的高等教育改革的重要任务。在今天我们需要适应时代发展需要的新经典教育。

1. 传统文化经典教育的方法

高校要提高创新型人才的培养质量就要积极破除教科书教育方式带来的弊端，采用经典教育方式。经典教育可以弥补教科书教育的缺陷，极大地提高高校创新型人才的培养水平。我们必须重视经典教育，在我国高校掀起经典教育热潮，让经典永远成为我们教育的底色。通过阅读经典让学生得到文化的熏陶、思维的训练、语言的享受，从而提高创新思维、创新能力。

首先，革新经典教育观念。说起经典人们最先想到的是"四书""五经"《理想国》、亚里士多德等一大堆古老的名词。今天我们提倡的经典教育中的经典比这个范围要广泛得多，我们提倡的经典是古往今来所有的杰出著作，而不限定于先秦或者古希腊的经典。我们只有扩大经典的范围才能满足不同学校、不同专业、不同个体的教育需求。

每一个专业都有自己的经典，也有一些经典是综合性的，不属于某一个特定的专业领域，还有一些经典是属于整个民族、整个世界的。我们主张对这三类不同的经典都要读，而不是局限于某一类经典。在经典阅读上做到四个并重，即古今并重、中外并重、多学科并重和专业领域与公共领域并重。只有拓宽阅读的视野，才能让经典发挥更大的作用。

其次，加强经典教育意识。要培养创新型人才，就要鼓励广泛阅读古今中外的经典，开阔眼界增加思想创新的原动力。

最后，普及经典教育理念。在西方，几十年前就发起了名著阅读运动，名著阅读运动的支持者们认为阅读名著应该持续阅读更长的时间，十年、二十年，甚至是终身学习，因为这对人的心智有益处，对阅读技巧、交流技能、洞察力、理解力等都有很大的促进。普及经典教育对整个民族文化素质和理论素养的提高都有很大的益处。名著常读常新，永不过时，经典的阅读没有止境。

2. 传统文化经典教育的意义

经典教育可以切实提高大学生的理论思维水平、思想原创力水平、专业学习水平和人文精神。在高校创新型人才培养中，加强经典教育可以弥补教科书教育的弊端，起到画龙点睛的作用，有利于创新型人才的培养。原典的内在丰富性与启发性是二手资料难以比拟的，要在学问上得到最好的训练就必须进行经典阅读。

经典教育可以提高大学生的理论思维水平。经典著作一般比较难读，可以更好地锻炼人的理解力。读经典名著比读普通教科书要难得多，然而也正是因为难读，所以读起来收获也更大，更能激发人的思考、活跃人的思维，更能促进人的智慧的发展。

经典教育可以培养大学生思想的原创性。经典著作是最能给人启发的。经典著作不仅内容具有永恒性，而且方法也具有永恒性，蕴藏在经典著作中的方法不会因为时间的变迁而改变，会永远给人以启迪的。

经典教育可以提高大学生的专业学习水平。每一门学科都有自己的经典，经典是构成学科的根基。每一个学科之所以能够成立，就是因为它拥有自己的经典著作。没有一个已经建立起来的学科是没有经典著作的。经典著作是一个学科的根基所在。读好学科的经典无疑有利于学生对专业课的学习。其如果只是读教材就会满足于知道一些事实性的知识，而缺乏必要的学术训练，就难有学术发展。大学生在学术上的专业训练要从读经典开始。大哲学家费希特起初并不爱哲学，但是他读了康德的著作后，才对哲学入了迷。经典著作对于知识的探索者来说充满了无穷的魅力，故而对提高大学生的专业学习兴趣和专业素养有莫大的裨益。

第三章　儒家文化对高校思想政治教育的启示

在中国的传统文化中，儒家思想可谓是其重要的组成部分。推动这种优秀的传统文化在高校中进行传播是非常有必要的，学生需要全面认识和深刻领悟儒家思想，并将这一思想智慧运用到以后的生活工作之中。本章从儒家文化概述、儒家文化的教育价值和儒家文化对高校思想政治教育的启示这三个方面进行阐述。主要内容包括孔孟思想、儒家文化的个体思想政治教育价值、高校实施儒家优秀传统文化的意义等。

第一节　儒家文化概述

一、孔子及其思想

（一）论仁

孔子（前551～前479），名丘，字仲尼，春秋末期鲁国人。孔子是儒家学说的创始人，为"使学术普遍化之第一人"。他幼年丧父，生活艰难，青年时做过牛羊管理者和会计工作。他好学不辍，自小熟读典章，精通礼、乐、射、御、书、数六艺。约30岁时，开始私人讲学，这是他一生的主要事业，先后有弟子三千，贤者七十二人。孔子有志于出仕与行道，出任鲁国中都宰与大司寇是其政治思想的成功尝试，此后长达十四年的时间其周游列国但不得重用。孔子的一生，充满坎坷与苦楚，但他却"发愤忘食，乐以忘忧"，培育了杰出的弟子，开创了儒家学派，对中国文化产生了深远的影响。孔子是至圣先师，也是"温而厉，威而不猛，恭而安"的长者，通过司马迁的《孔子世家》、钱穆的《孔子传》、匡亚明的《孔子评传》、李木牛的《人味孔子》等著述，可以领略孔子博大精深、海纳万千的思想，又可以感受其愤慨忧思，并从中获得智慧的启迪。

在孔子的思想中，"仁"是核心。"仁"的概念并非孔子首创，但孔子将原来"与'忠''信''敬''义'等其他伦理概念地位平等"的"仁"升华为人格的至高境界。孔子认为君子应当时刻以仁自励，"君子去仁，恶乎成名"（《论语·里仁》），放弃了仁德，君子便无从成就自己的名声。身处绝境，在苟生与成仁之间要做出坚定的抉择，"无求生以害仁，有杀身以成仁"（《论语·卫灵公》）。

《论语·颜渊》记载，樊迟问"仁"，孔子回答了极简约的两个字："爱人。"真诚友善地关心他人的处境、将来和内心感受，进而帮助他人，成全他人，这便是仁爱。李岑说，仁"就是拿人当人。首先是拿自己当人，其次是拿别人当人"。"拿自己当人"，则知自尊自重，以正当的途径实现人生价值。"拿别人当人"，则是推己及人，对于他人与己相近的心智情感有真切的同情，进而在为个人目标而努力的同时，也能考虑到他人的感受与需求，进而尊敬、关怀和成全他人。

爱，作为人类的美德与推动社会和谐的重要前提，是先秦诸子思考的重要概念，不同的学派，关于爱的表述各不相同。墨子提倡无差别的爱人如己的"兼爱"，老子主张"不仁"和"慈"。儒家仁爱思想的独特性在于它是有差别的爱，是由近及远、推己及人的爱。关爱他人的生发处在于对父母兄长的"孝悌"，"孝"是尊重父母，"悌"是敬重兄长。子曰："弟子入则孝，出则悌，谨而信，泛爱众而亲仁。行有余力则以学文。"（《论语·学而》）在儒家看来，亲情是培养"仁"的土壤，一个连父母的养育之恩也不回报的人不可能做到"仁"，不可能"泛爱众"。孔子弟子以为："孝悌也者，其为仁之木与。""孝悌"是仁德的根本，为"百善之先"。孟子曰："仁之实，事亲是也。义之实，从兄是也。智之实，知斯二者弗去是也。礼之实，节文斯二者是也。乐之实，乐斯二者足也。"因此，孝悌受到了历代儒者与统治者的尊崇，并成为中国宗族社会和传统文化的思想基石，梁漱溟以为"孝悌的提倡"和"礼乐的实施"合起来便是孔子的宗教，"孝悌实在是孔教唯一重要的提倡"。

（二）天下归仁

《先进》篇记有孔子和几个弟子的谈话，孔子问：不吾知也。居则曰：如或知尔，则何以哉？子路说自己能成为优秀的军事家，冉求说自己能成为一个政治家。曾皙说：暮春者，春服既成，冠者五六人，童子六七人，浴乎沂，风乎舞雩，咏而归。曾皙这段话答非所问，没有说若有国君要他来治国理民时，他愿意做些什么，他能够做些什么，曾皙只是说他愿意享受什么。孔子当时却偏偏欣赏这段答非所问的话，以赞赏的口气说："吾与点也。"孔子这喟然一叹，证明曾皙所希望的生活，正是孔子所希望建立的理想社会，在那里，天下归仁。

在《子路》篇中，孔子系统地提出了创建理想社会的路线："用我者，期月而已可也，三年有成。""如有王者，必世而后仁"（"世"即一代，以年数计为三十年）。"善人为邦百年，亦可以胜残去杀矣。""教民七年，亦可以即戎矣。"这段论说，用词抽象，如"期月而已可"与"三年有成"的"可"与"成"，应如何评价，注家只能按字生义，如此不免有所牵强。在"世而后仁"的注释中，以"文武成王"为例，更不符合文意。历史确曾称颂成康之治，四十年不用刑罚，但是成康之后，周王朝随即衰落，没有形成"世而后仁"的政治局面。该篇末章的"教民七年，亦可以即戎"一句，用词比较具体易懂。"即戎"是为君主效死，七年时间的政治措施是"教""以不教而战，是谓弃之"。"教"是政治措施的核心，贯穿于一年、三年、七年、三十年的政治措施中。就是这一段比较具体的话，所传递出来的信息给后世的注家带来了许多困惑，且困惑一直延续到现代。

孔子是教育家，当然注重教育。"克己复礼，天下归仁"就是一个全面而长期的教育过程。一年、三年、七年、三十年，都是以现实的社会状况为起点来计算的。《子路》篇记，孔子见到卫国人口众多，称赞说："庶矣哉！"冉有问："既庶矣，又何加焉？"孔子答："富之。"冉有再问："既富矣，又何加焉？"孔子答："教之。"可见孔子认为除了维持人民生命的物质需要之外，还要给人民以教育。教育的方法是"导之以德，齐之以礼"。这种方法比"导之以政，齐之以刑"要好。《泰伯》篇中记有孔子有关教育效果的一句话："民可使由之，不可使知之。"有的注家感到"不可使知之"这句话有损于孔子，想另做解释，反而陷入了曲解。其实，程朱学派对这句话已经做了正确而全面的注解。孔子对某一阶段的教育效果的评估，是不应该再引起误解的。朱熹认为"不可使知之"的意思是对于某时某事，人民只能"知其然而不知其所以然"，至于"不可"一词，是"不可能"，是教育功能的限制，并不是"不允许"。至于"由之"一词，也不能理解为毫无所知的"盲从"；程朱学派又从另一方面做了补充：孔子对人民进行教育，当然愿意"家喻而户晓"，不能如某些权术家，朝三暮四，愚弄人民。程朱学派所说的权术家，是有所指的。

孔子处于乱世，乱世能带给人思想和观念的冲击，能激发人最本源的想法。孔子应运而生，建立了以"天下归仁"为目标的政治理论体系和教育理论体系。

孔子思想的根本是"仁"，对弟子的"问仁"有过很多次回答。孔子自己对"仁"有如下的论说："仁远乎哉，我欲仁，仁斯至矣"。"苟志于仁，无恶也。"这是对自身修养说的。又说："我未见好仁者，恶不仁者。"这是对当时的社会风气说的，孔子认为"求仁得仁"是学习提高的过程，即所谓"好仁不好学，其蔽也愚"，并主张对"仁"的进修必须与对"礼"的进修同步。

纵观孔子之言、之行，我们可以看到"克己复礼，天下归仁"这句话的上下两个分句在政治实践活动中，有时不能相容。统一这两个不相容的观念在于个体自身的努力，至于客观条件，那不是自身所能改变的。"道之不行，我知之矣"，即知道自己的追求不会有结果。对此知道得越清楚，就越是不幸，孔子对"天下归仁"的追求，是知其不可而为之，直至死而后已。人们常说，对古人的言行，要取其精华，弃其糟粕。所谓"去""取"，是很困难的，因为不同的社会形态，有不同的判断是非的标准。标准不同，就难以比较判别，勉强划分其精华与糟粕，也没有意义。但是，从另一方面考察，人们千百年来形成的观念，还是有相通之处的。孔子倡导"以仁为本"，现代人倡导"以人为本"，孟子曾说："仁者，人也。"这种古今相通的观念，历经世世代代、千千万万的人，最终成为社会现实，不得不说这是孔子"天下归仁"理想的另外一种延续。

二、孟子及其思想

孟子（约公元前 372～前 289），名轲，战国邹国人。战国时期，比春秋时期更为动荡混乱，此时民不聊生，礼义尽毁，世人多为富贵与私利而奔走。面对群雄逐鹿、率兽食人的现实，孟子倡导王道仁政，反对霸道，并以"仁义"游说齐、梁、鲁、邹、滕等国。然而，诸侯国君心思各异，强国志在富国强兵，并吞天下，弱国备受侵凌，欲求自保而不得，由此，阴谋诈术，强取豪夺，无所不用其极，孟子的仁政理想此时根本不受重视。然而，孟子颇有思辨色彩的性善学说与性命思想，深得人心的民本思想和仁政主张，使他得到了后世的尊崇，被尊为"亚圣"，在儒学史上影响深远。

孟子主张性善论，认为人生来即有向善之心。他认为"人皆有不忍之心"，"今人乍见孺子将入于井，皆有怵惕恻隐之心"（《孟子·公孙丑上》）。恻隐之心为"仁之端"，此外"羞恶之心，义之端也；辞让之心，礼之端也；是非之心，智之端也"。此即"四端"之说，"四端"为人所固有，"人之有四端也，犹其有四体也"。"凡有四端于我者，知皆扩而充之矣，若火之始然，泉之始达。苟能充之，足以保四海；苟不充之，不足以事父母"（《孟子·公孙丑上》）。孟子以火苗、清泉为比喻，说明扩充四端的重要性：努力扩充，是以平定天下；反之，不能孝养父母。

以性善论为基础，孟子将孔子的"德治"思想发展为"仁政"学说。在政治关系方面，其发展了古代的"民本"思想，提出了"民为贵，社稷次之，君为轻"的观点，劝诸侯"以德王天下"，着眼于争取民心，"保民而王"。他反对霸道，主张王道，认为诸侯之宝有三，"土地、人民、政事"。在经济关系方面，其主张"制民之产"，以保持小生产的相对稳定性。

孟子主张仁政，对现实中的战争和横征暴敛异常愤怒。《孟子·离娄上》如此描述战争的残酷："争地以战，杀人盈野；争城以战，杀人盈城。"他主张以道德服人之心，对于武力扩张深恶痛绝，于是提出："此所谓率土地而食人肉，罪不容于死。故善战者服上刑，连诸侯者次之，辟草莱、任土地者次之。"善战者、好战者在当时受器重，孟子却主张他们应当接受最重的刑罚，联结诸侯和驱使百姓开荒种植的人都应该受到惩处。这种主张显然不会被当世统治者接受，但却表达了孟子鲜明的反战立场，表达了他对和平与王道的期盼。

出于对混乱时局的痛恨，孟子明确提出，当身处国君昏庸残暴、荼毒生灵之世，世人可奋起反抗。贵戚之卿，"君有大过则谏；反复之而不听，则易位"；异姓之卿，"君有过则谏；反复之而不听，则去"（《孟子·万章下》）。他认为君臣关系是相互的，臣子无需愚忠，"君之视臣如手足，则臣视君如腹心；君之视臣如犬马，则臣视君如国人；君之视臣如土芥，则臣视君如寇雠"（《孟子·离娄下》）。

孟子所阐述的社会理想与孔子的富之、教之的思想具有本质上的一致性。孟子认为，要实现社会理想，统治者首先必须"制民之产"、保障老百姓的"恒产"不受侵害，使他们可以上足以事父母，下足以畜妻子，这样，培养百姓的"恒心"就有了可靠的基础，进而再办好学校教育，大力传播、弘扬孝悌之义，"老者衣帛食肉，黎民不饥不寒"的社会理想才能得到实现。

孟子还通过知心、知性、知天，创建了"天人合一"的思维模式，把人的主观能动性提高到道德境界中，主张积极有为的人生。《孟子·尽心上》开篇云："尽其心者，知其性也。知其性，则知天矣。存其心，养其性，所以事天也。夭寿不贰，修身以俟之，所以立命也。"在孟子看来，心、性、天具有内在的联系。需要指出的是，孟子这里所说的心，即前面所讲的四心：恻隐之心、羞恶之心、辞让之心、是非之心，而所谓的性，就是"善"。孟子是性善论者，仁、义、礼、智就是"性善"的具体表现。在孟子看来，天具有仁、义、礼、智的道德属性，人的仁、义、礼、智之善性就是由天赋予的。因此，一个人能尽心知性就能知天，存心养性就可事天，从而可以进入天人合一的境界。

除了上述思想，孟子在伦理观方面也有重要观点。伦理属于道德范围，是个人与个人、个人与群体之间的特殊关系，也称为人伦。古书对人伦有几种不同的分类，本文所根据的是《孟子·滕文公上》篇中所规定的五种关系，即父子有亲，君臣有义，夫妇有别，长幼有序，朋友有信。在这五种关系中，孟子着重对父子和君臣两种关系进行了论说。君臣关系，包括了君民关系，首先要明确的是为民而立君，还是为君而生民。孟子引用了《尚书·太誓》中的一段话："天降下民，作之君，作之师。"至于天如何"作之君，作之师"，是由人民来决定的，"天视自我民视，天听自我民听"。如果所作之君渎职害民，人民就要抛弃他，"抚我则后（君主），虐我则仇"。孟子引用的这段文字明确地说明了他的民本思想。引文中的"天"是一个抽象概念，其意义是自然的存在与规律。《万章上》记有一段回答，孟子详细阐明了为民而立君的思想。万章问："尧以天下与舜，有诸？"孟子答："否，天子不能予人以天下。"万章问："然则舜之有天下也，孰与之？"孟子答："天与之。""天不言，以行与事示之而已。""舜相尧二十有八载，非人之所能为也，天也。尧崩，三年之丧毕，舜避尧之子于南河之南。天下诸侯朝觐者，不之尧之子而之舜，讼狱者不之尧之子而之舜，讴歌者，不讴歌尧之子而讴歌舜，故曰天也。"万章又提出另一个问题："人有言，至于禹而德衰，不让于贤而传于子。有诸？"孟子答："否，不然也，天与贤，则与贤，天与子，则与子。昔者舜荐禹于天，十有七年，舜崩，三年之丧毕，禹避舜之子于阳城。天下之民从之（禹），若尧崩之后，不从尧之子而从舜也。禹荐益于天（益相禹），七年，禹崩，三年之丧毕，益避禹之子于箕山之阳。朝觐讼狱者不之益而之启，曰'吾君之子也'……舜、禹、益相去久远，其子之贤、不肖，皆天也，非人之所能为也，莫之为而为者，天也。"

孟子这段话，显然不符合孟子所掌握的史实。夏启即天子之位以后，立即引起有扈氏的武力反对，夏启是用武力讨平的，有《尚书·甘誓》为证。夏启把天子之位传给了儿子太康，有穷氏后羿又用武力把太康赶下台来，扶立仲康即天子之位。几传之后，商汤用武力把夏朝灭掉。周武王也是用武力把商朝灭掉。夏、商、周都是天子与人以天下。孟子回避了这些史实，另外作了如下的补充："继世以有天下者，天之所废，必若桀纣者也。"意思是夏后、殷、周之继世以有天下，虽然从制度形式上看是天子予儿子以天下，但实质仍是天之所命，如果继位者渎职害民，"天"还是会根据民意而废之。孟子的这种解释虽然保留了"天予之"思想体系的完整，但是总有些牵强，而且，必至桀纣而后天才废之，代价不免太大。如汤放桀于南巢而有惭色，代夏桀而即天子之位的前后，曾灭国十一；武王伐纣，牧野之战"血流漂杵"。孟子虽然不完全相信这段记载，但毕竟这是当时当事人的记载，殷人绝没有"箪食壶浆"以迎周人的和平解放局面。天废桀纣的历史，是应该避免的。为此，孟子提出了君臣主"义"的伦理关系，为臣对君要忠、要敬、要恭。

三、荀子及其思想

荀子（约前313～前238），名况，字卿，战国末年赵国人。公元前255年，他被楚相春申君任命为兰陵令，春申君死后其被免官，于兰陵著书授徒，其著作由后人辑为《荀子》32篇。

荀子反对孟子的性善论，认为"人之性恶，其善者伪也"（《荀子·性恶》）。然而，荀子对于孟子的争论"不是针锋相对的争论"，因为他很可能"不曾看到后来所流行的《孟子》一书"，所以"对于孟子人性论的内容，可说毫无理解"。徐复观以为，荀子和孟子关于欲望的看法有一致之处。他以"生而有好利焉，顺是，故争夺生而辞让亡焉"（《荀子·性恶》）为据，以为其中强调"顺是"的观点与孟子"物交物，则引之而已矣"之说，"实际没有多少出入"。孟子主张寡欲，而荀子主张节欲，二人对欲的态度是一致的。

关于荀子性恶论的内涵，有令人困惑之处，历来学者多有探讨，并存在两种相反的论点：或者否定性恶论，或者揭示荀子人性论相反相成的两个维度。

其一，性恶论不仅不能成立，而且使荀子思想失去了根基，程颐、朱熹、牟宗三、劳思光都因此而批判荀子的思想。

其二，荀子性恶论实为"性朴"与"性恶"之相合。性朴，出自《荀子·礼论》："性者，木始材朴也；伪者，文理隆盛也。"其认为人性本身无善无恶。唐君毅在《中国哲学原论》（原性篇）中认为，人性在与礼义之善的对比中，显示出相对之恶这一观点。徐复观以为，荀子思维周密，然而其性恶论"并非出于严密的论证"，荀子一方面主张"性无定向"，一方面从重礼法的角度着意强调人性向恶之趋向。

我们认识荀子的人性论，应该从性朴、性恶相合的角度来看，这样更为全面和妥当。从这样的人性论出发，荀子提出了"礼"并重的政治思想。他主张"隆礼重法"，认为礼是法的根据和基础，法是礼的体现和确认。如果只讲礼义，不讲法度，只重教化，不重刑罚，便不能维持社会的统治秩序。因而，他的思

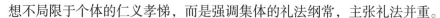
想不局限于个体的仁义孝悌，而是强调集体的礼法纲常，主张礼法并重。

在天命观上，荀子提出"天人相分""人定胜天"的理论。他认为，自然界的规律，"不为尧存，不为桀亡""天不为人之恶寒而辍冬，地不为人之恶辽远而辍广"。荀子看到天的运行与人间事物的变迁不一致，提出"制天命而用之"和"人定胜天"的思想，这反映了荀子那个时代社会生产力与人类力量的发展。

第二节　儒家文化的教育价值

一、"中庸和谐"的课程价值观对课程理论与实践的启示

（一）建立"个体发展为基础，社会发展为主导"的课程价值取向模式

事实上，对"人"的地位与价值的探讨一直是课程研究的重点所在，而历史上由于对作为主体的"人"的意义一直有两种截然不同的理解，所以导致两种教育价值观的存在，并由此影响着课程的价值取向。一种是以人为中心的教育价值观。这种价值观把"人"作为特定的、独立的个体来对待，因此主张教育不应该成为社会的功利性目的，而是应该促进受教育者在人性、理性等方面的发展，进而从人的自由发展方面推衍出教育应该自由与自治。但是这种教育价值观的缺陷在于容易导致自我中心的极端个人主义，导致社会道德的沦丧。另一种则是以社会为中心的教育价值观。这种价值观往往把人作为构成集合性社会整体的一个部分来对待，主张教育应该以社会的需要为培养目标。因此，这种教育价值观容易抑制个体的人性和理性发展，阻碍人的个性发展和个人创造力的发挥。对于这样两种截然对立的教育价值观，有人曾经试图对其进行调和，并据此提出了教育价值观的"均衡论"，但是，这种调和主义的"均衡论"却并没有找到两种价值观各有偏颇的根源所在，即对主体"人"的价值并没有深刻透彻的把握。因此，这种调和必然是不成功的。

而从儒家"中庸和谐"的课程价值观出发，却不难发现，儒家对人与社会的关系其实是认识得比较透彻的。简单而言，在儒家哲学的视域中，人与社会是以一种相辅相成的关系存在的，人既是社会发展的剧作者，又是社会发展的剧中人，它既按照自己的需要去创造社会和历史，同时又必然会受到社会和历史的制约。由此我们从中可以得到启示：只有将人类个体的需要与社会的需要

尽可能地统一起来，才能实现人与社会的共同发展。因此，在现代课程中，就应该确立以"个体发展为基础，社会发展为主导"的课程价值取向模式，这种模式不是前面提到的两种模式的简单相加，而是本着儒家"中庸和谐"的课程价值观，从中取长补短，有所损益地实现人、自然、社会三者之间关系的和谐。

（二）建立人文教育与科学教育有机融合的课程结构模式

儒家"中庸和谐"的课程价值观主要体现在儒家对人的道德教育方面。因此，我们承认儒家传统教育的课程结构是不完善的，它偏重人文教育而轻视科学教育。但是与之相对，现代教育却更多地体现了重视科学教育而忽视人文教育的特点。近年来，人们逐渐认识到非智力因素在人的发展中的重要作用，也逐渐开始对在20世纪大行其道的科学主义进行反思。人们开始发现，科学只能发现事实和规律，完全的科学主义教育只能培养出大量的"经济人"和"工具人"，这样的教育不能体现人生的价值和意义，也不能彰显人性的光辉。因此，要求将科学教育与人文教育有机融合的呼声便越来越高。

而在这个更大的范围上借助儒家"中庸和谐"的课程价值观，就可以实现更好地建立人文教育与科学教育的有机融合的课程结构模式。这种模式不是将两种教育模式简单相加，而是两者在更高层次上的有机融合，是将人文教育融合到学科教育之中。这种融合需要"借助"一定的措施来实现，比如，在课程设置中增加人文学科的比重，要求学生选修的人文学科课程的学时不低于总学时的一定比例，并同时在课程中增加社会实践以及社会服务类课程。但更重要的是，要成功建立现代人文教育与科学教育有机融合的课程结构模式，就必须强调在教育中将人同时作为教育和科学的共同出发点和归宿，从而实现科学教育人文化、人文教育科学化。

二、"内省体悟"的课程实施思想对课程理论与实践的启示

儒家讲求"悟"，并把它运用在课程的实施过程之中，它是儒家达到"仁"这一教育核心目的的根本方法。在中国先哲"道可道，非常道"的哲学思路指导下，作为启发教学的进阶，以自己修身为仁的经验为基础，孔子选择了践行"礼"而体悟"仁"的教学策略，从而形成了由注重逻辑关系的学、思到注重直觉思维的体悟教学方式。但令人遗憾的是，自儒学成为封建思想统治的工具后，教学演绎为"传道、授业、解惑"的活动，这使得体悟教学自孔子之后日渐沉寂，我国教育教学机制的发展也因此失去了一次高起点的历史契机。

体悟教学对学生主体性的高扬强烈地冲击着教师已形成的教学思维方式以

及僵化的教学行为。但是，一些教师在进行体悟教学时并未真正领会体悟所蕴含的精神实质。为此，我们需要正确地认识体悟教学，从而最大限度地提高其教学效果。事实上，尽管体悟主要是学生的精神活动，但是它绝不是学生的自发行为，更不意味着教师的作用被贬低与削弱，恰恰相反，它对教师素养与能力的要求更高了。在此，儒家"内省体悟"的课程实施思想对我们当前的体悟学习无疑具有重要的现实意义。儒家的体悟教学显示出这样一些基本特征：第一，体悟教学的范畴涵盖了启发式教学；第二，体悟教学注重以理性认知为基础的非理性认知方式；第三，体悟教学强调学习者要有自觉主动的践知态度与践知过程；第四，体悟教学追求个体内在具有自我指导意义的新质的产生。"内省体悟"的课程实施思想最宝贵的价值就在于它立足于人以及人的主观能动性本身。其把教育建立在以人为本的基础之上，认为人是有思想有悟性的生物。因此，儒家的教育过程重在启发人的悟性，强调人心的自觉。但是，"内省体悟"的前提应该是基于一种平等的师生关系，在互相尊重、民主平等、共同探讨的氛围中激发出来的，也只有这样，学习者才会在"悟"中进一步体现出创造性的思维过程。

三、儒家文化的个体思想政治教育价值

习近平总书记指出："中国传统文化博大精深，学习和掌握其中的各种思想精华，对树立正确的世界观、人生观、价值观很有益处……学史可以看成败、鉴得失、知兴替；学诗可以情飞扬、志高昂、人灵秀；学伦理可以知廉耻、懂荣辱、辨是非。"优秀传统文化有着重要的思想政治教育价值。儒家文化作为中国传统文化的主干和最重要的组成部分，更具有巨大的思想政治教育价值。这个价值首先就体现在它对个体精神素质的塑造上，具体来说，儒家文化有利于个体树立正确的世界观、人生观、价值观和高尚的审美观。

（一）认识世界：有利于树立正确的世界观

思想政治教育的首要任务就是帮助人们树立正确的世界观。世界观是人们对整个世界总的观点和根本看法。每个人都会在自己的生活经历以及接受的教育中形成自己的世界观。世界观的基本问题是精神和物质、思维和存在的关系问题，对这两者关系的不同回答，成为划分这两种对立的世界观类型的依据，即唯心主义世界观和唯物主义世界观。思想政治教育的任务就是帮助人们树立正确的世界观，也就是辩证唯物主义和历史唯物主义的世界观。辩证唯物主义和历史唯物主义的世界观也就是马克思主义的世界观，它是唯一科学、正确的

世界观，因为它正确地回答了世界的本原等一系列重大问题，只有树立马克思主义的科学的世界观，才能正确地认识世界、改造世界。正确的世界观对人生有导向作用，世界观错了人就会走弯路。然而树立马克思主义的世界观并不是一件容易的事，而准确把握中国传统文化与马克思主义世界观的相通性，用其中与马克思主义相通的内容来阐释马克思主义，可以为我们学习掌握马克思主义提供便利。

中国是朴素辩证唯物主义哲学的故乡。儒家文化中大量的朴素唯物论、辩证法，与马克思主义的历史唯物主义和辩证唯物主义具有深厚的渊源和强大共通性。正因为如此，马克思主义在中国传播的早期很快就被陈独秀、李大钊等具有深厚儒学修养的中国知识分子接受。《论语·先进》记载："季路问事鬼神。子曰：'未能事人，焉能事鬼？'"这明确地否定了鬼神的存在，坚持了唯物论的物质第一性原则。《孟子·滕文公上》有言："无恒产者无恒心，有恒产者有恒心。"这坚持了社会存在决定社会意识这一重要唯物论原理。《荀子·天论》指出："天行有常，不为尧存，不为桀亡。"这坚持了唯物主义的客观性原则。《易经》云："天地交而万物通也，上下交而其志同也。"这把事物的运动变化看成两个对立面交合的结果，坚持了矛盾对立统一的辩证法观点。《论语·为政》说："知之为知之，不知为不知。"这坚持了实事求是的认识原则。儒家文化中符合辩证唯物主义和历史唯物主义的论述颇多，这对于人们理解辩证唯物主义和历史唯物主义、树立正确的世界观有很大的裨益。任何真理都是具体的、历史的，马克思主义的世界观只有通过具体的事例展示和形象的理论表述才能获得更好的诠释，马克思主义也唯有用中国化的语言、形式来表述才能更利于大家理解掌握。

（二）人生诉求：有利于树立正确的人生观

构建正确的人生观是思想政治教育的重要任务。人生观是人们对人生的目的和意义的根本性看法和根本性态度。人生观会受到世界观的影响，由于每个人的世界观不同，因而也会产生不同的人生观。人生观要回答的是关于人生的目的和意义问题，譬如，人生的本质是什么？人活着是为了什么？人应该怎样去生活？怎样的人生才有意义？不同的人对这些问题会产生不同的看法，进而也就会形成不同的人生观。对这些问题的回答，在历史上出现过四种不同类型的答案，也就是四种不同的人生观类型，即享乐主义的人生观、悲观主义的人生观、权力意志的人生观以及马克思主义的科学的人生观。享乐主义、悲观主义和权力意志的人生观因为夸大了人的某一方面的需求而陷入了误区，唯有马克思主义科学地回答了人生观的问题，因而是唯一正确的人生观。马克思主义的人生观要求我们树立建设中国特色社会主义的共同理想，树立为人民服务的高尚情操，在为祖国的繁荣昌盛、为人民的幸福安康而奋斗的过程中实现自己的人生价值。

儒家文化是一种政治伦理型的文化。儒家文化的宗旨"修己达人"与为人民服务的人生观息息相关。中国古代儒家的人生观在社会理想上推崇的是《礼记·礼运》所阐述的"大道之行也，天下为公"，大同理想与共产主义社会理想有很大的契合性；在个人与社会的关系上其倡导《孟子·尽心上》所概括的"穷则独善其身，达则兼济天下"和范仲淹提出的"先天下之忧而忧，后天下之乐而乐"；在个人与他人的关系上其则主张遵行《论语·雍也》所载的孔子"己欲立而立人，己欲达而达人"的教诲。儒家先贤一向反对享乐主义的人生观，《礼记·曲礼》说"欲不可纵，志不可满，乐不可极"；其反对悲观主义的人生观，《易经·乾卦》说"天行健，君子以自强不息"；其反对鼓吹权力意志的人生观，即陈子昂《感遇》诗所说的"圣人不利己，忧济在元元"。正是儒家这样一种利在天下、大公无私的人生观塑造了一代又一代的爱国爱民的知识分子。在今天弘扬儒家文化，无疑有利于建立为人民服务的人生观。

（三）义以为上：有利于彰显正确的价值观

价值观是人们在对周围事物能否满足个人或社会某种需要进行评判时所持的观点。它是人们对周围世界的价值反映与价值判断，是社会精神文化系统中深层的、相对稳定而起主导作用的部分。作为儒家文化的重要组成部分，儒家的价值观囊括了仁、义、礼、智、信、忠、恕、孝、廉等诸多德目。从个人与社会的互动关系以及其对社会各领域的直接影响来看，"义"的价值取向更为核心。作为儒家的伦理范畴，"义"指思想和行为符合一定的标准，所谓"义者，宜也"（《中庸》），"义，所宜为"（《论语集解》）。由此观之，"义"是儒家引领社会风尚的核心价值观，它具体表现为以下几方面。

其一，"义"是人们思想和行为的价值取向，是一定的价值目标。也就是说，儒家一向将"义"视为普遍认同的价值诉求，并作为立身行事的根本与努力方向。"君子义以为上。""义"是君子最崇高的品质。"君子义以为质。"（《论语·卫灵公》）朱熹注曰："义者，制事之本。""义"就是君子之所以为君子的根本。"义"更是人间之大义、社会之良知，是每一个人都应该践行的价值目标。"生，亦我所欲也；义，亦我所欲也。二者不可得兼，舍生而取义者也。"（《孟子·告子上》）在这里，孟子继承孔子"志士仁人，无求生以害仁，有杀身以成仁"

的崇高人生精神，认为道义高于生命。毋庸置疑，"舍生取义"已成为中华民族无数仁人志士恪守的价值理念，"义"是儒家最崇高的价值目标。

人们之所以对"义"有如此强烈的价值认同感，是因为义具有普适性与可行性。"夫义，路也；礼，门也。惟君子能由是路，出入是门也。"（《孟子·万章下》）"义，人路也。舍其路而弗由。"（《孟子·告子上》）朱熹注曰："义者行事之宜，谓之人路，则可以见其为出入往来必由之道，而不可须臾舍矣。"（《孟子集注》）"义"不仅是君子和普通人必经的"人路"，而且是"人之正路也"（《孟子·离娄上》）。朱熹注曰："义者，宜也，乃天理之当行，无人欲之邪曲，故曰正路。"（《孟子集注》）由此可见，"义"在儒家的价值世界里，是一种得到广泛认同的价值取向。

其二，"义"对人们的思想和行为有规约与导向作用。它是人们行动的基本准则和价值尺度。"见义不为，无勇也。"（《论语·为政》）"人皆有所不为，达之于其所为，义也。"（《孟子·尽心下》）见义勇为、尽力而为，就是"义"。在此，"义"是准则，是人们行动的价值判断。孟子曰："羞恶之心，义之端也。"（《孟子·公孙丑上》）拥有羞耻之心是一种道德认知，是知荣明耻的开端。由此看来，"义"作为判断是非善恶的基本价值规范，是人们立身处世的根本。"义"还是协调各种社会关系的基本尺度。"君子之于天下也，无适也，无莫也，义之与比。"（《论语·里仁》）君子对天下的人和事没有固定的亲疏厚薄，只是按照"义"去做。所以，敬长尊贤才有所遵循："敬长，义也"（《孟子·尽心上》）；"义者，宜也。尊贤为大"（《中庸》）。君臣关系趋和谐："义之于君臣也。"（《孟子·尽心下》）即便身处逆境，有节操的人也要坚守人间之"道义"："穷不失义，故士得己焉；达不离道，故民不失望焉"（《孟子·尽心上》），"士君子不为贫穷怠乎道"（《荀子·修身》）。这就是"义"的价值所在。

（四）美的召唤：有利于树立高尚的审美观

马克思主义追求的共产主义世界是每一个人自由而全面发展的理想社会。人的全面发展，简单地说就是德智体美劳的全面发展，美育是人自由全面发展不可或缺的重要环节。早在五四时期，蔡元培先生就呼唤美育，提出以美育代替宗教教育等美育理念。1993 年颁布的《中国教育改革和发展纲要》明确指出："美育对于培养学生健康的审美观念和审美能力，陶冶高尚的道德情操，培养全面发展的人才，具有重要作用。要提高认识，发挥美育在教育教学中的作用，根据各级各类学校的不同情况，开展形式多样的美育活动。"开展美育也是思想政治教育的重要使命。高校思想政治教育要以中国特色社会主义的理想之美育人，以爱国爱民爱家爱乡的情感之美育人，以高超的语言之美育人，以深邃的理论之美育人，还要以博大精深的优秀传统文化之美育人。思想政治教育要培养广大公民对美的鉴赏力，自觉贬斥假丑恶，抵制低俗现象。

儒家文化非常重视美育。孔子以六艺来教导学生，其中诗教、乐教都属于美育的重要范畴。儒家的审美观对中华民族的审美心理有着巨大影响。习近平总书记指出："春秋战国时期，儒家和法家、道家、墨家、农家、兵家等各个思想流派相互切磋、相互激荡，形成了百家争鸣的文化大观，丰富了当时中国人的精神世界。虽然后来儒家思想在中国思想文化领域长期取得了主导地位，但中国思想文化依然是多向多元发展的。这些思想文化体现着中华民族世世代代在生产生活中形成和传承的世界观、人生观、价值观、审美观等，其中最核心的内容已经成为中华民族最基本的文化基因。"儒家文化中丰富的美育思想、美育实践，对于我们今天树立高尚的审美观具有积极意义。首先，儒家揭示了美育的重要意义。美育既是育人的起点，也是育人的归宿。要培养人就要先激发其情感动力，而后要让人达到一种超越的境界，物我两忘，陶醉其中。其次，儒家文化本身就是美育的重要资源。如《诗经》作为中国第一部诗歌总集，是中国文学的鼻祖，几千年来陶冶了炎黄子孙的情操，今天依然是进行诗教的经典范本。最后，儒家丰富的美育实践为今天的美育提供了宝贵的经验和借鉴。

四、思想政治教育概念框架的借鉴与创新

一个国家、一个民族最初的文化思想对人性的发掘，往往既是对人性诸种活动性潜能的觉醒，又是对这种活动性的强化和培植。在这个意义上，这种传统思想其实就是民族性格的发展土壤，也是国家和民族生生不息、持续发展的源泉和动力。儒家思想的心性论既是对我们人性的发现，又是我们人性已经沉淀下来的实质内容，它在我们的言行处世中有着挥抹不去的痕迹。

《中共中央国务院关于进一步加强和改进大学生思想政治教育的意见》强调，在新时代我国大学生的思想政治教育必须注重"继承优良传统与改进创新相结合"，认为我国教育系统必须以传承和发展民族文化精神为己任。在这种视域下，重新思考我国传统思想的优良传统，耐心扎实地回到传统思想家的文本中去发掘可资借鉴的理论资源，并结合个人真切的人生体验，是当前迫切需要迈出的步伐。

如何理解人、怎样理解主体，事实上最重要的是以什么样的概念框架或思

想来理解和观察人的能动性或活动性的来源。我国当前教育界所使用的概念框架大多来自对西方教育思想的简单生硬移植。回溯西方思想史，尤其是西方哲学史，近代以来思想家们提出的各种关于人的界定，不论是"天赋观念说"（如笛卡尔）还是"概念能动说"（如康德、黑格尔），都无法提出具体的人在情境活动中的能动性的概念框架。因为在当今资本主义社会，如果人的概念方式被资本机器所浸染或控制，那么人的碎片化、人的能动性的消逝，就是合逻辑的结论。可以说，这是西方思想界和教育界所面临的主体概念困境的哲学根源。在西方后现代主义思潮的反省和批判下，西方教育思想对人的活动性的描述和预设的缺点已经暴露无遗。这事实上也是当今思想政治教育界所面临的重大困境。

在这样的时代背景下，结合儒家心性观对人的理解，做出教育通用术语和概念的创新与变革，应当是具有首当其冲的重要性的。我们必须结合传统的心性观念，找到合适的思想观念框架来描述和界定人的能动性、主动性。只有重新界定了人的能动性、主动性，思想政治教育才会有施力的标的，才能避免做无用功。人的能动性、主动性的发现，实际上是每个个体对自己心性进行切身体验并予以理论总结的结果，经验心理学的样本统计模式是不适合发现人心的能动性、主动性的。正由于此，儒家心性观等学说才有着重要的借鉴意义和价值。

在概念框架创新的基础上，当今思想政治教育要达到对受教育者"成己""成物"的培育和教导，首先要引导受教育者的"自成"。从根源上说，教育的功能在于唤醒受教育者对自身能动性、活动性的自我意识，外在的灌输终究无法代替主体自身的领会。在这里，以新的概念体系阐发儒家"三省吾身"和"内省"、扩充良知良能的说法，并以此来熏陶和培养学生，才能使我们当前的思想政治教育工作能够完成其既定的目标。

五、儒家思想政治教育的合理内核

（一）应符合时代发展要求与人的需求

儒家思想政治教育理论的产生，本身就是对时代发展要求的反映。从今天所接触的文献资料来看，儒家思想政治教育理论很可能产生于孔子生活的时代。孔子对夏商周的礼仪制度有深入的研究，他认为，周朝的典章制度经过夏商两朝的借鉴，已经非常系统、完善和繁盛，所谓"周监于二代，郁郁乎文哉，吾从周"。在孔子之前，社会始终处于一种礼乐秩序的规范之下，况且这种礼乐是光彩繁盛的，它对人的规范与约束作用应该也已渗透到了生活的方方面面。但到了孔子生活的时代，周礼对人的约束力已减弱许多，诸侯豪强争霸，战乱不断，天下失序，民不聊生。只有在这种社会风气急剧转折的时代条件下，儒家思想政治教育这样一种着眼于天下政治之学的理论学说才可能产生。换言之，儒家思想政治教育理论的产生不仅是时代需要的结果，而且是当时处于失序和战乱的恐慌之下人本身的需要。正是人的这种最基本的安全感的需要，促使儒家提出了安份守己、天下大同的社会理想。

事实上，自儒家作为一个学派产生之后，儒家思想政治教育的具体内容也就不断随着时代的发展而变化，如孔子对恢复周礼念念不忘，对诸侯间的不法征战深恶痛绝；到了孟子时，这种情结可能已经大大减弱，孟子已经积极向梁惠王这样的诸侯游说国策了，并且这种游说必言王道，显然其已经在某种意义上承认了扩张和征战行为的合法性，只要它是真正仁民的。荀子作为儒家学者，已经在某种意义上开始研究帝王术，而这正是当时诸侯混战、周政不振、时代强烈呼唤有统一天下的强力诸侯国和雄主的必然需求与结果。同时，这也是当时人心思定的结果。

（二）重视历史传承和民族的特质

毫无疑问，中华文明是历史上延续时间最长、延续最稳定的文明。这个现象当然有地理、历史、民族性格、民族心理等诸多方面的原因，但最为重要的原因，莫过于中国传统学术非常注重历史传承，具有符合本民族心理习惯和精神特质的特点。中国传统学术，往往根据学术旨趣、说话对象等的不同，分为不同的学派，如道家、儒家、法家、纵横家等。尽管总体看来，其是一种"道术将为天下裂"的局面，但每家内部，是非常注重历史传承的。一般而言，只有一个学派内受到认可的继承人，才有资格继承前任衣钵，继续传道授业解惑。就儒家学说来说，孔子之后的历代大儒不仅旗帜鲜明地阐发和标举孔子的学说，而且他们进行教育活动时使用的教育材料，也都具有明显的传承性和稳定性。如历代儒者都注重研究六经之说；再如，自宋儒重视《大学》《中庸》之后，明代诸多学者也将《大学》和《中庸》视为阐发自己学术观点的中介和佐证。

至于儒家思想政治教育理论的民族特质，自不必说，它是只有在中国这样的地理位置、气候特征、地势特点乃至河流分布等条件之下，才可能产生的学说形态。不仅如此，儒家思想还参与塑造和形成了中国人的民族心理。因此，儒家思想政治教育始终带有鲜明的中国群体的心理特色，以至于我们看到一个人，就能根据他的言行习惯大致判断他是否属于"儒家文化圈"。

综上所述，我们在今天创新和发展思想政治教育理论，一方面要注重继承和发展中华民族优秀的历史文化积淀，尤其是儒家这样的本身就有思想政治教育学说的学派，另一方面，还必须积极捕捉和体验中华民族自身的精神特质与特殊的民族心理。否则，我们费尽心力提出的新的思想政治教育理论，就有可能只是无本之木，只是不适用于当今中国实际的幻想。

（三）重视更新和修正

思想政治教育理论的创新和发展，必须注重时代发展的要求和人的需求。这就是说，没有一成不变、永不过时、适用于千秋万代的思想政治教育理论。过去，我们经历过混乱和荒谬的年代，背语录、本本主义的风气曾风行一时，已被固化和教条化的理论不仅没有促进社会的发展和人本身素养的提高，没有带来稳固的秩序，反而严重地禁锢了人们的头脑，造成了人们的疯狂和混乱。

因此，评判思想政治教育理论的优劣、对错，尽管有多种标准，但最重要的莫过于它是否表达了时代的呼声、适应了时代的要求。自先秦以来，后世儒家不仅继承了孔子的思想，而且还结合重要的时代因素，对孔子的思想做出了时代性的阐释，这就鲜明地体现了思想政治教育理论的时代性这个特点。

因此，除了思想政治教育理论本身在学理上的贯通、逻辑上的清晰、体系上的严密以外，这套理论本身是否适应了时代的要求、恰好切中了人们时代性的心理特点、治对了时代性的心理问题，是审视当前思想政治教育理论是否需要更新和修正的最关键因素。捕捉新时代大众心理的倾向和特点，找出某些可作为基础的因素，以此作为起点来进行修正和更新，是思想政治教育理论对时代的应答。从这个起点出发，与思想政治教育的目标进行合逻辑的衔接，在很大程度上就能对既有理论做出恰当的修正和更新，实现思想政治教育理论的与时俱进。

六、儒家文化在现代社会的展望

（一）现代人培育美好人格的营养素

德育教育是儒家文化实践的基础。孔子在作为一个思想家、政治家的同时，也是一位伟大的教育家。他是中国历史上第一个私人授课、倡导有教无类的老师，完成了学在官府到学在民间的伟大转变，其教育思想中如因材施教等的主张至今仍有巨大意义，故而后人尊奉其为"万世师表"。"三纲八目"的实践，是以智育教育为基础，设定一个完整而严密的人生规划，培养积极向上、健康的人格的。其所采取的方式，是有严密的逻辑推理支持的，具有强大的说服力。对于我国目前的教育而言，这是具有良好借鉴意义的。我们所进行的教育，应当以德育为核心，在智育的基础上培养青年人良好的思想道德品质，使之成为对社会有用的人才。

此外，我们进行的德育教育、智育教育，应当建立在心理规律认识的基础上，而不能盲目地进行宣讲。当今社会，由于西方科学强势地位的影响，我们在借鉴心理学的研究成果时，总是不自觉地把目光投向以西方式实证为基础的心理学。诚然，它从某个角度解释了人类心理规律，对我们的德育研究有重要启示。但是我们也应该看到，由于东西方文化的差异，二者在认识世界的途径上有很大差异，正如北京大学辜正坤教授所说的："道家也有自己的一套科学。它那套科学跟西式科学不大一样，它是把人体作为一个实验工具……所以它实际上也是一种实证的东西，也是一种科学的东西，是一种阴性的科学、中国特色的科学。"以上说的是道家，整个东方文化又何尝不是如此呢？因此，对传统遗产的继承，我们应该在新的时代格局中有新的理解与开拓，要正视用东方文化特有的研究方法所得到的结果和价值，同时将此方法所总结的发展规律纳入德育教育中。

还有一点重要的是，对于我们个人而言，我们要做好自己的人生规划。诚然现代社会已经不需要我们严格地按照某一种学说理论去规划我们的人生了，而我们的人生也不必要总是走入仕从政的这条道路。我们可以有多种选择，而且每一种选择，只要我们能够勤勉工作，扎实努力，奋发进取，都能够有所作为，成为栋梁之才。但是，我们依然需要通过对人生进行规划，来确定我们的长期目标和短期目标，从而一步步地实现我们的人生目标。而《大学》中的"三纲八目"，就给了我们一个很好的借鉴。从个人的角度出发，我们对"三纲八目"的理解，并不需要明白其教化作用和稳定作用，而仅仅需要借鉴它在修身养性、自我价值实现方面的重要经验。通过对儒家文化的认识，希望每个人都能够有更为明确的人生规划，以实现自己的人生理想。

（二）解决现代社会道德问题的良药

对儒家传统经典的研究，使我们对儒家传统文化有了一个细致而深入的了解，也为我们了解古代先贤对人生的思考提供了宝贵的线索，对我们现代社会的发展提供了重要的借鉴。近代以来中国的惨痛命运，使中国知识分子在睁眼看世界的过程中，将儒家文化视作造成中国积贫积弱的病根而痛加鞭挞。从新文化运动到五四运动，再到后来的文化大革命，整个 20 世纪差不多是一个反传统的世纪。但不可否认的是，新文化运动、五四运动对推进中国的现代化进程有着极其重要的作用，但是传统也因此被中断。改革开放以来，随着市场经济的开放、发展，中国经济在三十多年里取得了举世瞩目的伟大成就。但是，如同每个硬币都有两面一样，在这个过程中，也产生了很多严重的问题。随着国门的打开，多元思想传入中国，"拜金主义""个人主义""历史虚无主义"等广泛传播。在这种多元思想价值观的影响下，国人的思想价值观也出现了极大的混乱。

这些丑恶现象正如马克思在《共产党宣言》中所说的那样："它使人和人之间除了赤裸裸的利害关系，除了冷酷无情的'现金交易'，就再也没有任何别的联系了。"对金钱强烈的欲望、总想迅速致富的想法使人们在金钱的获取上不择手段，出现了现实社会中官员为挪用公款违法乱纪、商人为盈利造假买假的情形。以自我为中心、以利己观念为主要特征的个人主义被很多人不自觉地采纳。其在现实生活中则表现为以权谋私，将个人、小家庭、小团体利益凌驾于国家集体利益之上，对周围的人和事态度冷漠、缺乏关心。而解决问题的关键，不是从功利主义的现实中去寻找，也不是从后现代主义的迷茫中去寻找，而是应该从我国古代先贤的智慧中去寻找，从儒家经典中去寻找。

第三节　儒家文化对高校思想政治教育的启示

一、高校实施儒家优秀传统文化的意义

（一）对文化软实力建设与提升有重要作用

传统文化是文化中最具稳定性和影响力的因素，它是一个国家的重要印记和标识，是一个国家文化软实力的基础。习近平总书记强调："提升国家文化软实力，要努力展示中华文化的独特魅力。"其对儒家优秀传统文化与软实力的关系进行了阐述。而两会期间，习近平总书记在参加贵州代表团审议时说："体现一个国家综合实力最核心的、最高层的，还是文化软实力，我们要坚持道路自信、理论自信、制度自信，最根本的还有一个文化自信。中华民族历来对自己的文化有着强烈的认同感和自豪感。"习近平总书记的讲话表明，文化软实力是综合实力的核心，提升文化软实力需要优秀传统文化，进行优秀传统文化教育对提升文化软实力具有极其重要的作用。

孔子创立的儒家文化作为中国传统文化的主流，具有巨大的教育意义和社

会价值，进行优秀传统文化教育对增强民族文化自信和更好地建设中华民族共有的精神家园有着重要意义，在国家文化软实力中占据特殊地位。儒家学说中蕴含着丰富的文化软实力思想：儒家"仁爱"的政治价值观充分体现了"人文教化天下"的文化软实力思想；以"礼"为核心的制度设计理念能够使组织内的人们和谐相处而不生怨恨，从而形成极强的社会组织力和凝聚力，这体现出"礼"是儒家文化软实力的重要组成部分；儒家的"教化"思想更是充分体现了文化软实力精神影响力的作用。除此以外，儒家传统文化中的"和合""中庸""诚信"等思想都是文化软实力的宝贵素材，对现代文化软实力建设仍具有重要启示价值。

我们对中国优秀传统文化的继承、保护和弘扬，实质就是对中国文化软实力的保护、提升和强化。在新形势下，培育和弘扬儒家优秀传统文化并赋予其新的时代内涵和现代价值，将有助于提升中华民族的向心力和凝聚力，有助于提升我们的文化自信，也必将提升中华文明对外的感染力和影响力，进而提升我国的文化软实力。同时，我们"中国制造"的话语体系和价值观体系也将会逐步走向世界，最终达到以文化软实力提升综合国力的目的。

（二）增强大学生文化自信的前提

"文化自信，是一个国家、一个民族、一个政党对自身文化价值的充分肯定和践行，是对自身文化生命力的坚定信念。"对于大学生来讲，要做到文化自信首要的就是对中华五千多年文明的自信，是对中国传统智慧和优秀文化的自信。大学生作为国家的栋梁、未来的社会主义建设者，能否树立文化自信，对于国家文化的传承和发展，对于文化软实力的提升，对于国家的进步，对于国家在国际社会中的地位都有着重要影响。同时，文化自信是建立在对优秀传统文化的认同和文化学习的基础上的，也是社会主义核心价值观的重要组成部分和精神动力。在多元文化背景下，加大优秀传统文化的教育力度，提升大学生的文化自信，是新时期高校育人的必然选择。

（三）高等教育转型升级的需要

中国目前正处于社会的转型期，发达的社会经济与落后的社会经济同时并存，传统与现代两种体制相互交织，经济发展水平与社会结构方面呈现出明显的二元特征。社会的转型与高校经历的粗放型外延式发展发生激烈的碰撞，随着现代高等教育理念的变革与人才竞争趋势的日益严峻，高校迫切需要对人才培养模式做出切合实际的调整。

目前，我国大学教育作为国民教育的最高层次已经从精英教育转化为大众教育，大学教育在继承和发扬儒家优秀传统文化方面负有不可推卸的责任，如何将中华优秀的传统文化切实融入当代大学教育实践之中，以优秀的文化精神感染和塑造青年学子的心灵，是中国高等教育面临的重大课题。一方面，高校作为引领和传播先进文化的高地，责无旁贷地担当着研究、开发和弘扬传统文化的历史重任；另一方面，高校大学生是青年和知识分子两个文化群体的交集，大学生文化价值观的选择与实践最容易形成对社会青年群体的精神引领和行为示范。因此，提高大学生的人文素养是高校人才培养的重要使命，挖掘民族文化中的优良传统、砥砺学生优秀人格是大学的基本责任。加快高等院校的转型升级，既是进行传统文化教育的需要，也是高校升级发展的需要和社会的要求。

（四）引领大学生完善人格和形成正确价值观的重要手段

大学生要学会对自己和亲人负责，对周围的人和更多的人负责，进而对民族、祖国、社会和人类负责，做一个有价值、负责任的人。青年人的价值取向影响和决定着整个社会未来的价值取向，大学生正处在人生观和价值观的形成与确立时期，优秀传统文化对培养大学生的正确价值观具有不可替代的作用，抓好这一时期的传统文化教育对青年人价值观的培养十分重要。大学生的传统文化教育是一个潜移默化、耳濡目染的长期过程，它需要良好的环境和氛围，而从我国高校的育人目标和育人环境来看，其并未覆盖传统文化的主要方面。加强儒家优秀传统文化教育，培养大学生的优良道德品质，提高大学生自身的综合素质，使之形成正确的人生观、世界观和价值观，对引导青少年学生坚定走中国特色社会主义道路，实现中华民族伟大复兴中国梦的理想信念，具有重大而深远的历史意义。

二、儒家文化对高校思想政治教育的作用

（一）有助于增强思想政治教育的针对性

"因材施教"是传统儒家思想重要的教育教学方法，从古至今被我国教育家们继承和传扬，并被人们不断地发展和完善，至今仍可以为我们提供宝贵的思想启示，尤其对现代教育的发展具有不可或缺的借鉴意义。在现代高校思想政治教育过程中，教育者要充分借鉴传统儒家"因材施教"的教育方法，在思想政治教育实践中，针对大学生这个特殊群体，分析大学生的个性特点，掌握大学生的实际情况，了解其心理发展状况、兴趣爱好以及接受知识的能力等。在日常教学活动中，教育者应积极运用因材施教的教育方法，从学生的实际出

发，给予每个学生足够的关注，充分尊重学生的个性差异和性格特点，并且针对不同类型的学生，合理制订符合其身心发展特点的教学计划和目标，选取相应的思想政治教育内容，并采用适合的方法对学生进行培养和教育，使学生能够主动发现自身的优点和价值，这不仅可以调动大学生的学习积极性，而且还有助于增强大学生思想政治教育的针对性和实效性，有效提高思想政治教育的教学质量和效果，从而促进大学生思想政治教育的发展。

（二）有助于培养"四有"合格新人

儒家文化中的塑造理想人格的思想与培养"四有"新人的目标有相通之处，其很重要的一点就是"有道德"。对理想人格的塑造和追求，是儒家道德教育的一个重要思想，对发展中华民族精神有着巨大影响。大学生正处在理想信念的成型期，思想活跃，自尊意识突出，成才愿望强烈。高校要强化理想信念教育，自觉抵制外来各种不健康的文化思潮和价值观念的冲击。孟子提出"大丈夫"，即"居天下之广居，立天下之正位，行天下之大道，得志与民由之，不得志独行其道。富贵不能淫，贫贱不能移，威武不能屈，此之谓大丈夫"（《孟子·滕文公》）。我们要善于发现和利用传统文化，树立品德高尚的榜样，使培养目标具体化，用现实生活中的高尚人格对学生进行教育，给学生以鼓舞，鼓励他们去追求高尚的人格，从而实现教育的目标。

（三）有利于加强大学生的个人修养

"慎独"和"自省"是加强道德修养的基本方法。儒家思想中的"慎独""自省"的道德修养方法，有利于加强大学生的个人修养，帮助大学生牢固树立社会主义荣辱观。"莫见乎隐，莫显乎微，故君子慎其独也"（《中庸》），即独自一个人的时候也不能做坏事，而要更加严格地要求自己。"自省"指自己经常内心反省自己的言行，去恶存善。一个人良好品德的形成，应该通过内心自省，达到对一种思想道德的认同，然后由道德认识再到道德实践。在当前的大学生思想政治教育中，应帮助大学生学习并实践"慎独""自省"的道德修养方法，积极引导他们明辨是非、善恶、美丑，形成正确的自我评价。"八荣八耻"的社会主义荣辱观是对儒家优秀传统道德文化的活化，是当前加强大学生思想政治教育的重要法宝，我们必须认真学好、用好。

（四）有助于培养大学生的道德修养

"仁者爱人"的思想有助于培养大学生的个人道德修养。大学生作为社会发展中重要的群体组成部分，是国家建设和社会发展的强大力量，大学是个体人生世界观、人生观、价值观养成的黄金时期，是大学生良好行为习惯、思想品格、心理发展逐步形成的最佳阶段，然而在这一关键的人生时期，大学生道德缺失的现象屡见不鲜，会有部分学生出现道德观严重失衡、心理素质脆弱和价值判断扭曲等现象，对于这些问题的解决，要借鉴"仁者爱人"的思想理念，加强对大学生个人道德修养的培养，规范其正确的道德行为准则，提高其道德品格素养。关注大学生的基本道德修养，培养大学生的以诚相待，关爱他人，尊敬师长，乐帮互助，团结友爱的美好品质；在家庭中，要遵循长幼有序的传统礼仪，发扬尊老爱幼、孝顺长辈的传统美德；在自身学习实践中，要加强自我道德修养，正确地认识和评价自己，注重在实践中锻炼，强调自我教育、自我反省，陶冶个人的道德情操，培养高尚的道德品格，树立正确的人生义利观，努力传播社会正能量，实现自己的人生价值。

（五）有助于培养爱国主义精神

爱国主义精神是中华民族伟大的优良传统，大力弘扬爱国精神，增强民族凝聚力，是每一个中华儿女都不可推卸的历史责任，这是中华民族从古至今、永恒延续的伟大民族情感。传统儒家"修身齐家治国平天下"的理念有助于培养大学生的爱国主义精神，发扬"先天下之忧而忧，后天下之乐而乐"的高尚爱国主义情怀和忧患意识，强调国家的利益高于个人的利益。随着经济全球化的发展，外来文化思想拓宽了人们的视野，也冲击着人们的思想价值判断，对部分大学生的世界观也造成了消极的影响，出现了如个人主义、拜金主义、享乐主义和民族意识弱化等问题。因此，爱国主义教育依然是思想政治教育永恒不变的主题，是大学生思想政治教育的重要内容。高校应加强对大学生的爱国主义思想教育，增强大学生的爱国主义精神和集体意识，增强其国家荣誉感和民族自豪感，坚定其中国社会主义的理想信念，使其将个人的理想抱负与国家的整体利益紧密地联系在一起，培养其树立"以天下为己任"的社会责任感，引导其关心国家大事，积极维护国家利益与民族团结，明确自身的奋斗价值和方向，努力为报效祖国贡献力量。

（六）有助于培养进取精神

自强不息是中华民族的伟大精神，作为传统儒家思想宝贵的优秀品格，其从古至今一直被弘扬、传播，不断激励着中华儿女为实现理想而奋勇向前。在当今社会发展中，其不仅对加强大学生的理想信念教育具有重要意义，而且有助于培养大学生积极进取的精神。"刚、毅、木、讷，近仁"是孔子提出的四种品质，他突出强调了人应该具有刚健自强的励志精神，应该有坚强不屈的意志品质。孟子认为"人皆可以为尧舜"。其认为通过自己的不断努力，人人都可以有所作为。荀子认为"骐骥一跃，不能十步；驽马十驾，功在不舍。锲而舍之，朽木不折；锲而不舍，金石可镂"。先人们的这些经典句子都是对自强不息精神的礼赞。在日常学习和生活中，大学生要努力发扬传统儒家自强不息的奋斗精神，正确地认识自己，同时也要培养抗挫折的能力，锻炼和提高自己的意志品质，树立信心，勇于拼搏，不断超越、突破自我，实现自己的人生理想。

三、儒家思想对大学生思想政治教育的启示

（一）中庸和谐与大学生思想政治教育

儒家思想主张"和合"，强调组织内部的协作与和谐。正所谓"天时不如地利，地利不如人和"。"和为贵"是儒家建立一个和合性社会生态的根本指导原则，"道之以德，齐之以礼"是儒家组织建设的核心理念。儒家的"和合"思想可以从两个方面理解。首先，"和也者，天下之达道也"。儒家思想认为"和合"共存是实现管理目标的重要途径，人与自然之间要和谐统一，人与人之间要互相理解，人与社会之间要符合发展规律。其次，"和而不流"。追求和谐并不是不讲原则，随波逐流，甚至是同流合污，而是讲原则，坚持"有所爱，有所不爱。有所为，有所不为"。

营造中庸和谐的组织氛围，应贯彻"忠恕之道"。所谓"忠恕之道"，用宋代朱熹的话解释，即"尽己之谓忠，推己之谓恕"，努力做好自己该做的事就是"忠"，学会换位思考，宽以待人，就是"恕"。第一，在高校思想政治教育队伍的建设中，要重视"软环境"的建设，要加强人与人之间的团结互助，增强个体对工作的认同感与忠诚度，使其用自己的忠恕原则感召人、塑造人。第二，"谦恭礼让"，"严己宽人"，引导大学生处理好人际关系，创造和谐的校园环境与社会环境。"躬自厚而薄责于人"，教育学生要学会与人为善，学会合作与包容，"责人之心责己，恕己之心恕人"。第三，扬善，使真善美成为学生心中的主流价值规范。大学生，尤其是学生下部，在学习、工作、生活中，要明辨是非，坚持原则，敢管敢做，拒绝做"好好先生"。所谓"可以托六尺之孤，可以寄百里之命，临大节而不可夺也"，大学生要勇于担当，以成长成才为己任，弘扬道义，传播仁义，真正做到"仁者不忧，知者不惑，勇者不惧"。

（二）安身立命、乐天知命与大学生的思想政治教育

教师可以用"安身立命、乐天知命"的人生观，教育大学生善待生命、重视生命、提升生命的境界。安身立命意味着人活着生命要有着落，精神要有寄托。乐天知命是说要正视自己的生存条件，悦纳自己。儒家思想这种"安身立命、乐天知命"的人生观，是关乎生命的重大课题，这种生存态度，有助于维持人内心的和谐，对个体提高对生命境界的认识是大有裨益的。

（三）自强不息与大学生的思想政治教育

儒家提倡为追求人生理想而艰苦奋斗，以苦为乐，自强不息。"天行健，君子以自强不息"，意思是将贫困忧患视为磨炼意志、锻炼能力、实现理想的必要条件。"天将降大任于斯人也，必先苦其心志，劳其筋骨，饿其体肤，空乏其身，行拂乱其所为，所以动心忍性，增益其所不能。"

儒家所倡导的这种刚健奋进、自强不息的精神，铸就了中国人百折不挠的民族性格。对学生进行思想政治教育要积极营造弘扬民族精神的良好氛围，要教育学生正视困难，依靠自身的努力拼搏去追逐理想，实现目标。做到胜不骄，败不馁，不断超越自我，做生活的强者。

（四）仁者爱人与大学生的思想政治教育

"仁"是儒家思想体系的核心。在不足一万六千字的《论语》中，共五十八章一百零九处提到了"仁"。孔子对"仁"的阐释主要分三个层面：第一，"好仁"。"樊迟问仁。子曰：'爱人。'"孔子所说的"爱人"以"爱亲"为始，以"爱人"递进，以"爱国"升华。第二，"求仁"。"夫仁者，己欲立而立人，己欲达而达人。能近取譬，可谓仁之方也已。"这里孔子主要是强调"推己及人"，即"己所不欲，勿施于人"。第三，"成仁"。"志士仁人，无求生以害仁，有杀身以成仁。"其强调道德主体的自我超越，折射出了孔子的生命态度。由此可见，孔子所阐释的"仁"首先是一种道德品质，然后是一种道德责任及道德实践。"为仁由己，而由人乎哉""人皆可以成尧舜"，可见，人人都可以"成仁"，关键在于道德主体愿意或者不愿意，所谓"我欲仁，斯仁至矣"。《中庸》讲："力行近乎仁。"其表明人人都可以"求仁"，"好仁"而"力行"，便可以"成仁"。

"仁者爱人"，要求思想政治教育者，首先要有一颗爱人之心，把热爱工作与热爱学生结合起来，做到以情感人，主动亲近学生，关心学生，帮助学生，把爱放到每一位学生的心间。其次要"推己及人"，"子帅以正"。所谓"为

政以德，譬如北辰，居其所而众星拱之"。思想政治教育者要努力提升修养，以良好的个人形象，赢得学生的尊重。

"仁者爱人"，要求思想政治教育者要引导学生从"孝"出发，由爱自己、爱亲人到爱他人。"孝"首先要做的是爱自己，即珍惜自己的生命，爱护自己的身体，使父母免于忧虑。"父兮生我，母兮鞠我，抚我畜我，长我育我，顾我复我，出入腹我"。为人子，要懂得感恩，尽反哺之责，将爱亲之情推广到社会中，做到"泛爱众，而亲仁"，"老吾老以及人之老，幼吾幼以及人之幼"，胸怀天下。在此基础上，还要进一步引导学生"见利思义"，使之树立正确的义利观，即个人利益服从集体、国家利益，使之明白"有国才有家"的道理，把自己的发展与国家、民族的命运紧紧联系在一起，努力为国家做出贡献，实现自己的人生价值。

（五）修身正己与大学生的思想政治教育

子曰："政者，正也，子帅以正，孰敢不正。"儒家重视个人修养，重视个体人格的塑造，提出"不义而富且贵，于我如浮云"，提倡"富贵不能淫，贫贱不能移，威武不能屈"的浩然正气，倡导"三军可夺帅也，匹夫不可夺志也"的人生理想，提出"内省""慎独"的自我修身方法。"吾日三省吾身""见贤思齐焉，见不贤而内自省也""所谓诚其意者，毋自欺也。如恶恶臭，如好好色，此之谓自谦，故君子必慎其独也"，其强调诚实、不自欺，无论是否有人监督，无论人前人后，都能坦然面对自己的内心，时刻对自己严格要求。

儒家的"修身正己"思想，要求高校思想政治教育工作者要引导学生从我做起，追求高尚的人格，加强理性自觉，将自律与自我教育有机地结合起来。在为人处世中要做到"诚于中，形于外，故君子必慎其独也"。所谓正人正己，即从自身出发，加强修身，正己正心，如此才能在各类利欲困惑面前坚持信仰，不迷失方向。

第四章　文化视角下的高校思想政治教育分析

中国传统文化源远流长且博大精深，是中华民族的精神纽带、心理支撑和发展的基本动力。而我国的思想政治教育在传统文化教育这一方面却出现了断层和缺失，这是时代的悲哀。因此，我们在新的时期有必要、更有责任把中国优秀传统文化对思想政治教育的价值阐释清楚。本章分为高校思想政治教育中传统文化缺失的原因、传统文化融入高校思想政治教育的可能性与必然性分析、传统文化融入高校思想政治教育的现状分析三部分。主要内容包括高等教育自身发展过程中对传统文化教育的忽视、大学生对传统文化的情感认同度欠缺、中华民族的传统美德在大学生身上体现得不够、当今大学生所形成的特有时代心理、当代大学生对传统文化价值的认识不足、传统文化融入高校思想政治教育的可能性和必然性、融合过程中存在的问题、师资队伍急需加强建设和培训等。

第一节　高校思想政治教育中传统文化缺失的原因

一、高等教育自身发展过程中对传统文化教育的忽视

（一）传统文化教育的缺失

西方曾有过专业技术教育取代对"人"的教育的失误，但是我国的高等教育并没有吸取其中的教训，也犯了类似的错误。现在，传统文化在我国的高校思想政治教育中的缺失，不能说不是个失误和遗憾。

中国在19世纪后期开始学习西方，发展专业技术教育。新中国成立后苏联教育模式传入中国，1952年国家进行院系调整，支解了全国所有的综合大学，

建起了大批单学科的学院（如水利学院、林学院、航空学院、药学院等）。

到了20世纪中叶以后，这种忽视人自身素质培养的专业技术教育的弊端越来越明显。科学技术的发展在给人类带来物质财富的同时，也给人类带来了很多社会问题，如核扩散、环境污染、精神危机、信仰危机，甚至出现了所谓的"发展综合征"。这些问题，是专业技术人员无法解决的。

（二）通识教育与专门教育

一些著名的大学开始注意到这个问题，并试图对其进行改进。哈佛大学1945年发表了题为"自由社会中的通识教育"的报告，被称为哈佛"红皮书"。这个报告将教育分为通识教育和专门教育。

通识教育主要关注学生作为一个公民的生活需要。专门教育则给予学生某种职业能力训练。通识教育包括学习人文科学、自然科学和社会科学的有关基本内容，其旨在帮助学生有效地进行思维、表达与交流思想、做出判断和鉴别，从感情和理智两方面促进人的发展，使个人的发展与社会的需要相适应。根据这个报告，哈佛提出了核心课程计划。后来其他大学也纷纷模仿，以必修或者选修等各种形式提出了自己的一般教育课程。

（三）传统文化教育是教育的重要内容

传统文化教育是人类教育史中不可缺少的一个内容，这是符合教育发展规律的。中国高等教育全面学习苏联教育模式，而自1952年院系调整以后，工程技术专业教育在整个高等教育中的位置被抬得过高，传统文化教育受到前所未有的忽视。这虽然是时代使然，但却给整个高等教育带来了不少的损失。

二、大学生对传统文化的情感认同度欠缺

（一）对传统节日的认同度

社会的和谐，首先是制度完善，其次是人际和谐。只有个人的价值与合理需求得到社会的认可，人与人之间的和谐关系才能为整个社会体系的稳定提供个体保障，从而和谐社会的发展才能得到社会关系的保障。中国传统文化中的精髓，不仅包含中国人对制度和道德的独特理解，而且还包括在漫长历史发展过程中形成的人与人之间的和谐共处的良方。这种和谐在清明、端午、中秋这些中国传统节日中，都得到了充分的体现。而传统的节日、音乐、戏剧，恰好为构建这种和谐提供了沟通和交流的驿站与载体。

在"我国现在把清明、端午和中秋等传统节日列为法定节日，你对此有何

看法"的调查中，74%的大学生持非常支持和比较支持的态度，但是在这74%的大学生中还有相当一部分人是因为过这些节日会放假，并不是因为它是传统文化的一部分而重视这些节日，9%的人持不赞成或反对的意见。当问到"你平时是否主动欣赏传统音乐？如京剧或者其他地方戏？"时，表示可以去看看的有40%，只有11%的人表示非常喜欢。

中国传统文化有着特定的文化内涵，其对于传承、传播中华文明，促进社会和谐起着重要的作用。2007年12月，中国人民大学校长、全国人大代表纪宝成连续四年将"除夕、清明、端午、中秋"四个传统节日纳入法定节假日的提案终于被采纳实施。民俗节日成为法定假日，体现了国家对传统文化的尊重。与之形成鲜明对比的是，随着各国之间文化的不断交流，越来越多的西方节日传入中国，受到越来越多的大学生的追捧。

（二）对传统文化因素的认同度

四书五经中的一些观点，虽是几千年前的文化，但与现代文明并不矛盾，而且对我们现实的工作有重要的指导意义。学习国学知识，使大学生了解我国光辉灿烂的传统文化，能激起大学生强烈的民族自豪感和自信心。

随着西方文化的不断涌入，"我有我个性""我行我素"等西方思想左右着大学生的头脑，而传统文化中的"己所不欲，勿施于人""修身、齐家、治国、平天下"的思想离大学生渐行渐远。这种局面使得中国传统文化得不到足够的继承和发扬，也使当代大学生的思想教育面临着严峻的挑战。在对大学生关于"先天下之忧而忧，后天下之乐而乐"这一传诵千古的处事精神的理解的调查中，有近一半的大学生表示"说不清"，对"人不为己，天诛地灭""人不犯我，我不犯人；人若犯我，我必犯人"这两种消极处世哲学，也有超过四成的大学生表示"说不清"。"说不清"就是不知道谁对谁错，是一种精神迷茫的表现，这应该引起思想政治教育的高度重视。

三、中华民族的传统美德在大学生身上体现得不够

中国的传统教育历来重视道德教育，历代的思想家、教育家都强调，教育的目的不仅是增加知识，而且还要教人成为有德行的人。我国目前正处于社会的转型期，加上多元文化的影响，中国优秀传统文化在渐渐失去权威，而整个社会尚缺乏一个明晰和统一的价值判断标准。经济的快速发展影响了大学生的价值观。在调查中，37.1%的学生认为"财富只是生活的资本，但不是生活的全部"，49.9%的学生认为"钱不是万能的，但是没有钱是万万不能的"，

17.1%的学生认为"金钱至上"。功利主义的复苏，人与人关系的利益化、金钱化，使得大学生的功利价值取向渐渐明显。随着大学生逐渐融入社会，越来越多的学生的价值观，对于金钱的看法发生了巨大的变化，40.1%的学生认为市场经济的发展是大学生价值观变化的罪魁祸首。

以上数据说明，当代大学生的价值观在发生着变化，有相当一部分学生对于价值观的变化有着一定的认识，但是也有部分学生在被悄然地改变着，自己却浑然不知。当代大学生缺乏责任感已然成为社会的热点话题，其对社会上出现的一些不道德现象置若罔闻，没有意识到自己是社会群体中的一分子。有69%的学生认为，当集体利益与个人利益出现矛盾时，其会放弃个人利益；同时有24%的学生选择放弃集体利益，其认为一人之力很小，集体利益不缺自己的这一份。很显然，近三分之一的学生受个人主义和功利主义影响较大。这部分学生有的只是索取，只关心自己和自身的利益，缺乏对社会责任感的认识，不知自己是集体利益的直接受益者。

中华传统美德是宝贵的历史遗产和财富，每个社会成员都应将其发扬光大，然而，目前高校中存在的一些与传统美德不相符合的现象，确实令人忧心。尤其是传统文化最重要的部分——师道和孝道，在当今的很多大学生身上体现得不够充分。大学生集体主义和社会公德意识淡薄，心理素质较差。一些大学生以自我价值的实现为核心，强调个人本位，社会、集体次之；在物质和精神的关系上，过分关注眼前的机会和发展，忽视长远的理想和目标，甚至有不少人把实现较高经济收入、过上安稳生活放在人生追求的首位，从而淡化了社会责任感，甚至陷入了极端个人主义的泥沼；在索取与奉献的关系上，其则一味地强调索取，认为个人贡献应与社会索取等价。

身处当今社会中的大学生，是伴随着科学技术的迅猛发展成长起来的，他们接收的信息量大、范围广、速度快，但是由于缺乏辨别能力，"极端个人主义"的消极思想在不少个体中有所抬头，这使得其对事业献身和对集体奉献的精神有所减弱。在一些大学生中甚至还存在"信义失范"的现象，如考试作弊、请人代考、抄袭论文、谎报特困生申请补助、银行助学贷款不按时归还等，这些都违背了"明礼诚信"的传统道德规范，可是大学生却认为这没什么不妥，认为是很平常的事。另外，当今的很多大学生在尊敬师长、孝顺父母方面做得也很不到位。其和老师、父母发生冲突的现象时有发生，但他们根本认识不到自己本身有什么不对。很多时候他们认为起冲突的责任不在于自己，而在于老师和父母，这种现象值得我们深思。

总体来说，不少大学生缺乏远大的理想抱负，重物质利益、轻无私奉献，重金钱实惠、轻理想追求，重等价交换而不愿付出爱心，重个人利益、轻国家集体利益。在其个人意识中，传统道德的"师"道和"孝"道淡漠。很多人凡事以自我为中心，不尊重长辈、不敬重老师的现象时有发生。

四、当今大学生所形成的特有时代心理

（一）西方文化的强烈冲击

随着信息技术和网络技术的发展，文化全球化已成为一种不可阻挡的发展趋势。各种文化相互激荡、相互竞争。如日本人宣称日本文化是最先进的文化，要用日本文化去改造世界，而西方国家也宣扬自己的文化是最先进的，而且现实是西方文化是今天世界的主流，影响着其他国家，其实这就是"文化霸权""文化渗透"和"文化侵略"，是利用文化全球化实施"文化殖民化""文化西方化"推销西方的意识形态和价值观。

（二）网络文化的全面渗透和挑战

网络是一个信息的集合，既能给大学生带来"学习的革命"，为其提供便捷的学习和交流机会，也能传播非健康的信息。当前网络文化中的网络伦理和网上行为失范主要存在两个方面的问题。

①互联网的全球性特征，将导致一些青少年的思想混乱。网络是无国界的全球性媒体，在网络上，各方面的原因使得有用与无用的、正确与错误的、先进与落后的信息充斥着网络，腐蚀着一些大学生的灵魂，对其良好道德品质的培养产生了强大的冲击。

②互联网还对现有的道德观念、价值观念产生了影响和冲击。针对诚信这一问题，多数学生认为，在网络这一虚拟空间里没有必要讲诚信。只有少数学生认为网络能提高社会道德水平。有调查表明，15.3%的人认为网络的使用会降低社会的道德水平；26.3%的人表示"黑客有高超的技术，令人佩服"；16.7%的人认为"黑客的行为促进了网络技术的发展"；还有24.4%的人表示"不好说"；只有24.2%的人明确表示，"黑客的行业具有社会危害性，应严厉惩罚并尽力杜绝"，这对传统文化中所倡导的诚信是一个冲击。

五、当代大学生对传统文化价值的认识不足

中国优秀传统文化既然能够传承到现在，那么说明它具有超时代的价值，是具有生命力的。唯物史观认为，能够大力推进社会的发展的，能够促进人的

全面发展的，含有科学性、人民性、进步性因素的，可批判地继承的传统都是精华。中国传统文化经过几千年的历史沉淀，有精华也有糟粕，这就要求我们对中国传统文化的价值要有充分的认识，要辩证地利用。不能只看到糟粕就将其全盘否定，这样做是片面的、不客观的，这种以偏概全的想法在一些大学生中较为常见。

20世纪全盘西化的思想曾风靡一时，但是在实践的检验下其不攻自破。一种思想的流行，是要适应时代的要求的，现今的文化融合日趋加快，受中国传统文化影响较大的东亚国家，现在已将保护和传承文化作为重中之重，而国内对传统文化的重视程度还不是很高，这种外界的推动，要求大学生要紧跟时代的脚步，认识和肯定中国优秀传统文化的价值，重拾中国优秀传统文化。只有先肯定其价值，进而学习和传承它，才能使中华优秀传统文化彰显其独特魅力，才能使中国优秀传统文化重新屹立于世界文化之林。

一个无法回避的现状是中国传统文化的声音在当代中国乃至世界的发展过程中十分微弱。在目前的现实生活中已经很难感受到传统文化的气息了。有观点认为，中国传统文化对呼唤民主与科学的中国发展无太大益处。持这种观点的人不乏一些知名的教授学者。回顾历史，我们发现传统文化的发展屡屡碰壁。19—20世纪的中国社会现实和世界发展潮流使大部分中国人对本民族文化丧失了自信，只有少数思想家仍然能在新旧体制交错的夹缝中读到中国传统文化的希望。新中国成立后，传统文化事业百废待兴，然而其发展道路十分坎坷，这在很大程度上使传统文化失去了民众基础。今天，有些外国人对于中国文化有着很大的兴趣，甚至有些人的兴趣超过了大部分国人。很多中国传统文化典籍在国内早已被锁入旧纸堆中无人问津，而是在日本、韩国还有一些西方国家其反而备受推崇，这样外国人的学习热情反过来刺激了中国人，使国人回过头来重新发掘被自己遗忘的角落。

现在很多大学生的偶像是一些影视明星，而不是历史上做出突出贡献的伟大人物。可是这些影视明星他们自身又对传统文化了解多少呢？有位歌星不知道岳飞是谁，还要请岳飞给她写歌词；有位节目主持人不知道董存瑞，认为其是电视剧里虚构的人物。像这样的现象还有很多，这已经不是一个简单的社会娱乐事实，而是一个凸显了中国当今文化走势的文化现象。

中国传统文化是我们这个拥有五千年文明历史的古老国家的灵魂所在，它在铸造中华民族的国民性以及中华儿女的民族魂、在中华民族历经磨难仍自立于世界民族之林的过程中，发挥了巨大的作用，可以说中国传统文化形成了中华民族的稳定性与巨大凝聚力，它的精华部分有着独特的价值和永恒的魅力，对于今天我国的现代化建设仍发挥着重要作用。文化是有连续性和继承性的。当代大学生作为 21 世纪中国文化的建设者和创造者，首先应继承和弘扬传统文化，因为没有民族化就没有世界化。中华民族的崛起离不开传统文化。

近十几年，中国的经济建设取得了举世瞩目的成就，这是公认的事实。但是，没有精神和文化文明保障的经济增长是难以推动社会健康发展的。一个民族，如果只有经济成就，还不能成为世界上真正的强国。恩格斯早在一百多年前就曾深刻地指出："一个民族要想站在科学的最高峰，就一刻也不能没有理论思维。"而理论思维的获得靠学习专业知识是不行的，必须学习人文科学，特别是学习哲学，我国的传统文化有着丰富而深刻的哲学思想。所以，中华民族要想站在科学的最高峰，必须加强传统文化的文化建设，在世界精神文明宝库里做出应有的贡献。只有这样我们的国家才能成为经济强国、科技强国、文化强国，这样的中国才是真正意义上的世界强国。

第二节　传统文化融入高校思想政治教育的可能性与必然性分析

一、传统文化融入高校思想政治教育的可能性

（一）目标的最终指向一致

中国传统文化与思想政治教育在教育目标的设置方面都直接指向人，指向人的思想道德素质的提高，同时，它们在目标的最终指向属性上都回归到了政治属性上，这体现了二者目标的一致性；二者除了在目标设置与指向属性上有着一致性外，在内容方面也存在着许多相通相合之处；而二者在教育模式方面的不同，则使二者有了很强的互补性。这些都为中国传统文化与思想政治教育之间的融合创造了重要的可能性条件。

传统文化具有思想政治教育功能，同时，传统文化和思想政治教育在教育目标、共生性和形成机制方面有着跨越时间和空间的亲缘性，这些都为思想政治教育借鉴并应用传统文化提供了机遇和可能。

1. 文化的思想政治教育功能

文化具有重要的思想政治教育功能。文化是人类经过几千年的历史创造的，但文化反过来还有塑造人、培养人的功能。从根本上说，人类所受的教育，是文化的教育。我国古代向来重视文化教人、育人的功能，《论语》中就有"孔

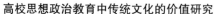

子指点孔鲤学诗学礼"的典故。大学生是中国传统文化的现实接受者,其思想无时无刻不受到传统文化的影响。在思想政治教育中,采取一定的文化方式,通过文化武装人的头脑,陶冶人的情操,从而使人的素质得到全面提高,实现人的"全面而自由"的发展,就是文化的思想政治教育功能。

2.思想政治教育与传统文化的一致性

(1)思想政治教育的目的性与传统文化传承的目标具有一致性

中国传统文化重在培养健康的人格,提高人们的思想道德修养,丰富人们的精神世界,增强人们的精神力量。这些都符合今天人们所追求的道德理想,而且和思想政治教育中培育有理想、有文化、有道德、有纪律的"四有新人"的目标相一致。

(2)思想政治素质与文化素质的共生性

大学生的基本素质包括思想政治素质、文化素质、专业素质和身心素质,其中文化素质是基础,思想道德素质是根本、灵魂。每一种素质都不能独立存在,都和其他素质相辅相成,思想素质与文化素质更是密不可分,二者具有共生的特点。

(3)思想政治素质和文化素质形成机制的相似性

思想政治素质和文化素质的形成机制基本相似,其就是教育者根据一定的社会思想道德要求,对受教育者施加有目的、有计划、有组织的教育影响,通过将相关知识内化,使之形成学生的主观体验,进而形成社会所期望的思想政治品德的过程。

中国优秀传统文化光辉灿烂,是我国人民智慧的结晶,在我国的各个历史时期和阶段都发挥着不同的作用,中国优秀传统文化与大学生思想政治教育结合的可能性,主要是由优秀传统文化中蕴含着的丰富的教育资源和教育功能决定的。

(二)内容具有相通之处

在思想政治教育和中国传统文化各自所包含的内容方面,二者存在着许多相通相合之处。

1.理想教育与"大同思想"的相通

思想政治教育中的理想教育与中国传统文化中的"大同思想"之间存在着相通相合的关系。思想政治教育中的理想教育是以共产主义理想为核心的理想教育。在马克思所描绘的共产主义社会里,没有私有制、没有阶级、没有国家;

财产社会公有，人人地位平等；大家各尽所能，各取所需；人性得以充分发展。而在中国传统文化中，早在中国第一部诗歌总集《诗经》中，人们就有追求公平、幸福的"乐土""乐国""乐郊"的期待；在《春秋公羊传》里，也有"衰乱世，升平世，太平世"的三世说。在这个世界中，人人平等，亲密无间，人尽其才，物尽其用，个人与社会浑然一体。中国传统文化中的"大同理想"与思想政治教育内容中理想教育的共产主义理想之间存在着一定程度的相似，这种相似性的存在使中国先进的知识分子更容易理解和接受马克思主义的共产主义理想，从而促进了其在中国的传播。

　　2. 科学的世界观教育与朴素的唯物辩证法思想的相通

　　思想政治教育中最根本性的教育内容，即科学的世界观教育与中国传统文化中朴素的唯物辩证法思想之间亦有相通相合之处。思想政治教育中的世界观教育包括辩证唯物主义和历史唯物主义两方面的内容。辩证唯物主义以世界的物质同一性为基础，以辩证法为方法论，以对立统一、质量互变和否定之否定大规律为主干，坚持人类社会是由简单到复杂、由低级到高级的螺旋式上升和波浪式前进的历史辩证法。历史唯物主义则揭示了人类社会发展变化的终极原因是经济因素，并由此强调了社会存在对社会意识的决定作用，物质生产对社会发展的基础作用，以及人的实践对社会发展的推动作用。而中国传统文化则一贯重视"经世致用"，其善于从物质生产条件以及民心向背的角度来思考历史的兴衰更替，善于从人民的物质生活角度出发研究社会的道德与文明。春秋时期的管仲提出了"仓廪实则知礼节，衣食足则知荣辱"的观点，认为社会物质条件是人民群众精神生活的基础前提。孔子提出的"庶之、富之、教之"的思想则解释了人口的繁衍、社会财富的增加、人民生活的富足和道德教化取得的成效之间的依次决定关系。由此可以看出，中国传统文化中的这些观点其实与历史唯物主义的观点有着相通相合之处。

　　除此之外，中国传统文化还蕴藏着朴素的辩证法思想。道家学派的创始人老子提出了"万物负阴而抱阳，冲气以为和"的观点，即任何事物都有对立的两个方面，即"阴""阳"二气，这两个方面在相互作用中实现了统一之"利"。儒家经典《易经》中的"一阴一阳谓之道""刚柔相推而生变化"等观点意在强调阴、阳和刚、柔的相互作用对事物发展变化的推动作用。宋明理学的张载亦认为"一物两体，气也。一故神，两故化，此天地之所以参也"，意在强调矛盾双方对立统一的关系。基于以上分析，我们可以看出，中国传统文化中所蕴含的朴素的唯物辩证法思想，与辩证唯物主义和历史唯物主义之间在价值定位和思想倾向上亦存在着相通相合之处。

3. 政治思想方面的相通

在政治思想方面，有"民为邦本"与"以人为本"、整体主义与集体主义的契合。中华传统民本思想是"以人为本"思想的文化基因。传统民本思想可追溯到殷商之际。春秋时期，周公提出"保民"的治国理念；孔子提出"节用而爱民，使民以时"（《论语》）；孟子也提出"民为贵，社稷次之，君为轻"（《孟子》）；荀子则把君民的关系与水和舟的关系联系起来，认为"君者，舟也，庶人者，水也，水则载舟，亦则覆舟"（《荀子·王制》）；及至西汉，贾谊更明确地提出"民为国本"的观点（贾谊《新书》）。这些历史文献充分说明，民本思想在中国源远流长、内涵丰富。尽管它们与社会主义的以人为本思想存在着本质上的区别，但中国共产党提出的"为人民服务""立党为公""执政为民""坚持群众路线"等主张，无疑是传统民本思想在新时代的复活。

中华传统的整体主义原则是社会主义集体主义的文化基因。整体主义原则是贯穿于中国封建社会的最重要的道德准则，其基本精神是封建统治集体的整体利益绝对高于个人利益。其表现在政治领域，是春秋大一统、"普天之下，莫非王土"的观念和"王道"；其表现在社会领域，是家庭、宗族、国家不可分割的情感纽带和社会组织；其表现在意识领域，是兼收并蓄、利而不同的宽容精神；其表现在伦理领域，是顾全大局、牺牲个人或局部利益的价值取向。尽管它在很大程度上压抑了个性、维持了封建秩序，且与科学社会主义提倡的集体主义相去甚远，但是，却与社会主义的集体主义原则有着天然的亲和关系，且为中国人选择集体主义提供了肥沃的土壤。

4. 经济观念方面的相通

在经济观念方面，有"天下为公"与"公有制""均贫富"、平等观念的契合。中华传统的"天下为公"思想是社会主义公有制思想的文化基因。在数千年的历史长河中，"公"始终是中华民族的崇高追求和价值标准，是判断善恶的重要标尺。这里的"公"有公户、公利等几层含义。在公产方面，由于历史的局限，我国古代不可能提出生产资料公有制的理论体系，但是很多人认识到了私有制的众多弊端，主张财产公有。在公利方面，在中国历史上，统治者总是从自身的地位和利益出发，不约而同地反对"人不为己，天诛地灭"的极端自私言论，宣称为天下人谋福利。尽管这些公有主张与社会主义公有制之间还有一定的差距，但是，即使是文化程度较高的文人学者，在马克思主义传入中国初期，也会把社会主义公有制等同于中国古代的公有主张，甚至有人认为中国古代的井田制就是社会主义。"公"作为最高的伦理道德，不仅已经融入当代的社会主义道德建设之中，而且也融入了中国特色社会主义文化理论的建设之中。

众所周知，平等是社会主义的基本原则和核心价值。而在《论语》中，孔子就主张："不患寡而患不均，不患贫而患不安。盖均无贫，和无寡，安无倾。"在历史上，许多知识分子最强烈、最高的诉求就是均贫富。中华人民共和国成立之后，改革开放以前，中国社会意识形态的基本取向仍然是反对收入差距，主张经济平等、分配平均。尽管古人不可能像今天的学者那样准确、科学地界定平等，不可能认识到权利平等、机会平等、结果平等等系列平等观，但是，中华传统的平等观念，确实为中国人理解马克思主义、接受科学社会主义打下了坚实的基础。

5. 文化理念方面的相通

在文化理念方面，有"贵和思想""天人合一"与和谐文化的契合。追求和谐是中华民族传统文化的主题。传统文化中"贵和"的思想理念和"求同存异"的宽容精神，形成了中华民族重要的价值取向，形成了严于律己、宽厚待人、与人为善、先人后己、舍己救人等民族精神。这种"天地与我并生，万物与我为一"的和谐思想铸就了中华民族热爱和平、追求和谐的民族性格，教育引导着世世代代的中华儿女，是构建社会主义和谐社会的基本理念，是科学发展观的重要思想基因。

可以说，正是由于中国传统文化与思想政治教育内容之间的这种相通性，才使二者有了融合的可能性，进而思想政治教育可以在中国传统文化这一丰厚的历史土壤中不断获得新的发展。

（三）教育模式具有互补性

思想政治教育的方法多种多样，有理论灌输法、实践锻炼法、自我教育法、榜样示范法、比较鉴别法、咨询辅导法等，其中，理论灌输法是思想政治教育最主要、最基本的方法。作为一门意识形态色彩极为浓厚的学科，思想政治教育自然需要通过理论灌输法来对受教育者进行马克思主义理论教育。不过，在我国以往的思想政治教育实践中，人们往往对其意识形态功能过分强调，而对其文化功能缺乏应有的关注，这就使得思想政治教育一直偏重于简单空洞的理论说教和意识形态的直接灌输。不仅如此，在思想政治教育过程中，思想政治教育工作者往往也不考虑受教育者的具体情况，不分层次，不问对象，经常采用"我讲你听""我说你做""我令你止"等居高临下、简单粗暴的教育方式，受教育者也只是消极被动地接受，而非积极主动地去内化吸收这些科学理论，这就使得思想政治教育工作显得呆板枯燥、索然无味，思想政治教育的实效性也会因此大打折扣，思想政治教育亦难以适应新形势的发展要求。

思想政治教育对意识形态的过分强调使其自身的文化属性和人文精神被遮蔽。中国传统文化的教育方式则正好弥补了现代思想政治教育模式的不足。

①中国传统文化注重渗透而非灌输，强调"以文化人"，受中国传统文化影响而形成的个性品质、思想观念、行为模式等，一旦形成就会内化、积淀、渗透在社会成员的灵魂深处，很难改变。

②中国传统文化注重培养人内心深处的自觉意识，善于引导人们通过"自省""内省""慎独"等内在自省的方式反思自身的思想和行为中的不足与过错，进而使人们在认识上达到真正的"知"，不断提升自身的道德修养，使自己不断接近圣人的道德境界。不过，以自觉内省的方式来提升自身道德修养最终是为了付诸道德实践。

③中国传统文化注重"知行合一"的道德实践，可以说"知行合一"是我国传统文化经过长期的实践探索和理论总结形成的极具特色的思想道德教育的方法论系统，《易经》："履，德之基也。"先秦墨家学派代表人物墨子就对道德实践十分重视，他认为评价一个人是否真正为"仁"，"非以其名也，亦以其取也"。即一个人是否真正为"仁"，不是看他是否知道"仁"的含义，而是看他在行为上是否有真正"仁"的举动。明代思想家王阳明则明确地提出了"知行合一"的思想。可见，中国传统文化不仅注重道德教育中的自觉自省，更注重在自觉自省基础上的道德实践，注重"知"与"行"的辩证统一。

上述中国传统文化所倡导的种种教育模式，弥补了我国现代思想政治教育因过分重视和强调意识形态而形成的思想政治教育单一、空洞以及枯燥的理论说教和灌输模式。当然，作为一门意识形态色彩极为浓厚的学科，思想政治教育离不开理论灌输这种教育模式，只是当我们忽视了文化对思想政治教育的内在渗透力，忽视了受教育者对思想政治教育内在的自觉自省意识，忽视了思想政治教育者与受教育者在思想政治教育过程中的道德实践，而过分强调这种理论灌输的教育模式时，灌输的力度再大，思想政治教育也难以取得理想效果，甚至会起反作用。

因此，我国目前的思想政治教育应该借鉴和吸收中国传统文化所提倡和践行的这些潜移默化的渗透、自觉的内在自省以及"知行合一"等教育模式，来改变我国当前思想政治教育模式单一枯燥的现状，来弥补我国当前思想政治教育模式的不足，进而引导全体社会成员积极、主动、自觉地反思自身，不断地提升自身的思想道德素质。

二、传统文化融入大学生思想政治教育的必然性

（一）探索思想政治教育新路径的必然选择

思想政治教育具有文化属性，需要以文化为依托。中国传统文化与思想政治教育相融合，是应对目前思想政治教育存在的困境、探索思想政治教育新路径、提高思想政治教育实效性的必然选择。当前在全球化的时代背景下，多元文化并存态势越来越明显，大学生的价值观念、思维方式和行为方式等都较以前发生了剧烈变化，这对高校思想政治教育提出了严峻挑战。一方面，目前我国大部分高校的思想政治教育主要还是通过课堂教学来进行，而且在思想政治教育课堂的教学过程中，教学内容单薄枯燥，授课模式单一，教师往往采用社会学、心理学等学科方面的知识与技术，表面化和浅显化地临时解决问题，而对中国传统文化的挖掘和运用不够重视，即使以中国传统文化为依托，也大多停留在"机械融合"或"单纯说教"式的灌输层面上，没有深入考察中国传统文化的实质内涵、时代背景、阶级立场等，这些都使得中国传统文化在思想政治教育中的运用和渗透非但没有达到预期效果，反而在某种程度上还淡化了学生的民族自信心与自豪感，削弱了中国传统文化在思想政治教育中的重要应用价值，思想政治教育的有效性因此大打折扣。

同时，在全球化时代的背景下，多元文化交流频繁，并存态势日趋明显，各种价值观论调不可避免地对一些大学生的生活态度、思想观念产生了严重影响。很多学生既没有真正了解外来文化、思想、观念之精髓，也没有深刻领会中国传统文化、思想、观念之精髓，因此，在多元文化的碰撞中，他们的价值观极容易走向偏激或急功近利：在学习上，他们只重视能够谋生课程的学习，而对思想政治教育课程不屑一顾；在生活上，他们更愿意追求金钱与物质的利益；在精神上，他们则只考虑自己，不考虑集体和他人，缺乏对共产主义的理想与信念，缺乏对人生目标的冷静思考。我国以往惯常以说教和灌输为主的思想政治教育模式，无法及时为这些问题提出行之有效的解决方法，而中国传统文化中的精华也因大学生对其的了解与掌握知之甚少，而无法发挥其在大学生思想政治教育中的积极作用。

（二）马克思主义与传统文化发展的内在要求

以马克思主义为指导思想和核心内容的思想政治教育与传统文化的融合是

两者发展的共同需要。

首先，马克思主义是一个世界性学说。在马克思主义产生以前，民族性是文化的主要特征，像老子、孔子、康德、黑格尔等伟大的思想家，对其民族均产生过一定的影响，但由于历史和阶级的局限性，他们的思想影响仅仅停留在文化交流和传播的层面上。而马克思主义揭示了人类社会发展的一般规律，是一种超越民族和地域局限的世界性革命学说。但是，马克思主义的世界性必须借助一定的民族文化才能实现。黑格尔曾经说过，只有当一个民族用自己的语言掌握了一门科学的时候，我们才能说这门科学属于这个民族。这一点，对于哲学来说非常重要。就当代中国而言，把马克思主义与中国革命的具体实践相结合的过程，同时也是把马克思主义同中国传统文化相结合的过程。

其次，自近代以来，各国文化都面临着如何实现从传统向现代转型的问题。这里所说的传统文化，指中华民族从先秦到五四运动这三千多年间形成的文化，它是中华民族对自然和人类社会认识的结果。秦汉以后，中华大地上的各民族文化类型大致可以分为三类，即北方草原游牧文化、南方山地游耕文化、中原定居农业文化。在长达三千年的历史进程中，上述三种文化类型以中原定居文化为中心，多方面交汇融合，正是在它们相互冲突又相互融合的过程中，传统文化得以最终形成。由于传统文化在相当长的历史时期内表现为建立在小农经济基础上的封建文化，故其很难直接开发和培养出适合现代社会和现代化需要的现代文化精神，而在20世纪初传入的建立在高度工业化基础上的马克思主义，本质上是一种具有现代性，乃至后现代性的文化，对传统文化来说，其毫无疑问是一种具有极大互补性的优势文化。传统文化正是通过与马克思主义的有机结合，才发扬了自身的优势，抛弃了自身的糟粕，实现了自我提升与现代转型。

（三）在高校思想政治教育中借鉴传统文化的可行性和有效性

中国人民的伟大哲学智慧，是各朝、各代、各种文化思想碰撞同化的产物，更是在中国人民经济、文化、政治生活的实践活动中总结归纳出来的一种思想。也正是因为传统文化来源于人民、来源于实践，故其具有一定的群众基础，也易于被群众接受。思想政治教育者应该学习和发现中国传统文化中的哲学智慧，发掘中国传统文化在现代社会生活实践中的结合点，发扬中国传统文化对大学生思想品德教育的重要价值，用好中国传统文化，对大学生进行思想政治教育，培养他们的人文素养和民族意识。

从春秋战国时期形成中国哲学的基本形态开始，在此后两千多年的封建社会中，中国哲学都十分强调伦理修养。孔子以伦理亲情为社会基础的仁学思想，倡导恭、宽、信、敏、惠五种品德，及孝、悌、忠、恕等伦理纲常。孟子继承发扬了孔子的重义轻利、仁者爱人的思想，并提出了人性本善的论题。孟子"天人合一"的大一统观念和"居仁由义"的大丈夫思想，激励了许多仁人志士以兴天下为己任。墨家主张"兼爱"，追求"上同"，以义为利，义利共举。以老子为代表的道家则以"无为""无欲""不争"为他们的道德准则。中国传统的哲学文化思想博大精深，包罗万象。因此，在实践中应以马克思主义的立场、观点和方法论对传统文化进行分析辨别，取其精华，去其糟粕，如此才能获得源源不断的思想政治教育的资源。

（四）形成和发挥文化软实力的基本保证

文化软实力指一个民族、国家或地区的文化影响力、凝聚力和感召力，是国家软实力的核心因素。这是因为，文化作为一个国家的灵魂或血脉，凝聚着这个民族对世界和生命的历史认知和现实感受，积淀着其最深层的精神追求和行为准则，同时承载着整个民族自我认同的核心价值取向。就一个民族或国家自身的发展来说，文化软实力主要表现为一种精神上的整合力，它有利于国家凝聚力的形成和民族性格的养成，有利于民族的团结、国家的统一、政权的巩固和文化的自信。一个国家如果对本民族或本国的传统文化缺乏自信，忽视自身文化软实力的开发和建设，那么就等于其放弃了本民族或本国的文化主权，这样做结果自然会导致本民族或本国人民价值取向的混乱，以及精神家园的丧失，甚至是民族的离散和国家的分裂。因此，作为一个由56个民族组成的统一的多民族国家，加强对传统文化软实力的开发和建设，充分发挥其对全国各族人民的思想教育和价值引导作用，就显得尤为重要。

中国传统文化和世界上其他民族的传统文化一样，是植根于民族的土壤的。其从总体上反映和代表着一个民族或社会的思维方式、价值观念、伦理道德，体现在人们的生活方式、风俗习惯、心理特征上，内化、积淀、渗透在每一个社会成员的心灵深处，作为一种注重道德教化的伦理型文化，中国传统文化自身就具有显而易见的能动的思想政治教育功能，而我国思想政治教育本身所具有的文化属性和民族属性，也使其无法离开五千年来中国传统文化留下来的精华。因此，中国传统文化软实力要最终实现其对外的亲和力、渗透力以及对内的凝聚力和创造力，必须通过思想教育来完成，中国传统文化和思想政治教育的有机融合，正是中国传统文化软实力得以形成和充分发展的基本保证。

（五）"文化自觉"与"文化自信"的要求

习近平总书记在党的十九大报告中提出，要坚定文化自信，推动社会主义文化的繁荣兴盛。没有高度的文化自信，没有文化的繁荣兴盛，就没有中华民族的伟大复兴。所谓"文化自信"，指一个国家、一个民族、一个政党对其自身文化传统和内在价值的充分肯定，对其自身文化生命力的坚定信念。"文化自觉"指"生活在一定文化中的人对其文化有自知之明，明白它的来历、形成过程、所具有的特色和它发展的趋向，不带任何文化回归的意思，不是要复旧，同时也不主张全盘西化或全盘他化"。换言之，即文化的自我觉醒、自我反省、自我创建，这其中有其积极的方面，同样也有其消极的方面。"一个民族的文化能否实现自觉和自信，很大程度上取决于对人们传统文化扬弃的客观与科学态度。"可以说，对传统文化的理性批判、合理继承、勇于创新是"文化自觉"的本质要求。

也就是说，一个民族能否对其自身的传统文化进行客观的评价和认识，关系着一个民族"文化自觉"的实现与否。中国传统文化是勤劳善良的中国人民在长达五千年的社会发展中创造出来且从未间断过的，这在世界文化史上是独一无二的。只有认识、理解、接受并内化中国传统文化，我们才能理解自己民族身后的历史底蕴，才能知晓我们是从哪里来的，并对我们现在的生活和未来的美好图景进行规划。反之，如果失去对中国传统文化的认同与理解，我们必定会失去对自己民族文化身份的认同感和归属感，进而会导致我们在思想文化上无家可归。

因此，对数千年来世代延传下来的中国传统文化能不能进行客观的评价、认识和科学合理的扬弃，关系着中华民族"文化自觉"的实现与否。那种轻率地对中国传统文化全盘否定的态度与做法，很容易造成中华民族的文化断层或文化"无根"现象的出现。二十世纪六七十年代，中国社会所爆发的文化大革命和80年代盛行的全盘西化就是如此，它给中国传统文化造成了严重的损失，造成了整整一代人对中国传统文化在认识上出现了断层。因此，当前我国思想政治教育的重要任务之一，就是在马克思主义的指导下，按照"取其精华，去其糟粕"的原则，充分肯定中国传统文化的内在价值，坚定中国传统文化的自信心，努力挖掘中国传统文化的当代价值，不断包容借鉴其他外来文化中的精华并将其吸收，使中国传统文化和现代思想政治教育能够实现优化整合，从而实现中国传统文化的现代转化和创新发展，进而真正实现"文化自觉"与"文化自信"。

第三节　传统文化融入高校思想政治教育的现状分析

一、融合过程中存在的问题

（一）学术研究层面存在的问题

1.研究意识与创新性不足

目前，我国在古代思想政治教育史以及中国传统文化与社会主义核心价值体系等方面取得了一定的成就，但学术界对研究意识的重视程度仍存在明显的不足，且没有进行过专门的讨论，也未达成共识；大部分研究者注重对相关论文的分析，而常常忽略对研究成果的分析，这说明研究者在对中国传统文化以及思想政治教育方面的研究缺乏持久性和深入性。另外，目前学术界在进行相关研究时，选题较为单一，存在内容重复的问题，多数研究侧重于简单的操作性层面的问题，而忽视理论层面的思考；而且不少研究者存在视野狭隘的问题，其研究内容相对传统，若仅从政治学和教育学的角度对中国传统文化中有关政治教育和思想教育的内容进行研究，很难突破思想政治教育内容理论框架的束缚。除此之外，学术界在对中国传统文化和思想政治教育进行研究时缺乏创新。

2.研究广度与深度均有所欠缺

第一，目前相关的研究方向偏向于宏观性阐释。其主要从中国传统文化的宏观角度出发，提炼对思想政治教育具有启示意义的教育资源，而且提炼的资源较为相似。

第二，在对中国传统文化与思想政治教育之间存在的内在关系进行解读时，其只是进行空泛的讲解，这在很大程度上存在选题空泛、内容以及观点类似的现象，且缺乏对两者有机融合的系统阐述与深入研究。

第三，在研究中国传统文化与思想政治教育时，大多以儒、释、道三种主流思想为主进行研究；在研究不同流派的传统文化与思想政治教育的融合状态时，人们大多以各流派代表人物的相关思想为主要对象来挖掘相关的教育资源，而缺乏对不同流派在思想政治教育中进行应用的分析。

第四，中国传统文化中与思想政治教育相关的教育资源异常丰富，而且这些资源随着时代与社会的发展不断变化，如何对传统文化中这些教育资源在历史发展过程中的变化做出解释，是目前学术界应该深入研究的问题。

3. 相关学科与人才建设有待加强

只有在中国传统文化以及思想政治教育领域都具备一定学术功底的研究者，才能在这一研究方向上取得较好的成绩。但当对目前参与研究的研究者的学术背景进行分析后发现，多数研究人员学科背景复杂，专业知识结构单一，即使是相关方向的研究者也无法满足上述要求。有些研究者侧重于思想政治教育理论，有些学者侧重于中国传统文化，但很少有兼具两方面学术背景的人。这就导致研究人员在进行中国传统文化与思想政治教育的研究时，只是浅显的泛泛而论，往往缺乏深度，这对他们学术研究的成果产生了一定程度的影响。

近年来，这一研究方向逐渐被重视，许多高校都开展了相关方向的教学研究，其中部分高校针对这一方向开展了更加深入的研究，并建立了相关方向的硕士以及博士研究生教育。尽管如此，这一研究方向的范围仍然较窄，在学术界的影响力仍旧较小。随着这一研究方向在学术界不断扩展，许多与之相关的硕士论文和博士论文相继出现，并有新的研究力量不断加入，在此背景下出现了与之相关的专著，但专著的数量仍然较少，学者发表的相关论文的级别仍旧较低，而且数量较少。

4. 学科立场的辨识度不足

由于这一方向的研究涉及多门学科领域，因此，在进行研究时要借鉴这些领域的研究成果。目前，从中国传统文化与思想政治教育的研究情况来讲，虽然一些学者已经意识到了要在学科交叉中展现独特的理论发展体系，但如何进行展现仍没有明确的答案。除此之外，学术界对如何界定"古代思想政治教育"的内涵与特质观点并不统一，这也对学科的辨识度产生了一定的影响。

在目前学术界的研究中，一种观点认为，可以通过西方政治教育来表示古代思想政治教育。中国古代的教育包括哲学教育、宗教教育、人伦道德教育、法制教育、人生价值教育以及政治教育，其中道德教育是中国古代教育的主要内容。由于政治教育只是思想教育中的一部分，所以可以使用思想教育来替代思想政治教育。今天我们所讲的思想政治教育，并不是将两者放在等同的位置上，而是强调思想教育的政治性。

在古代，各流派的政治教育占据主导位置，道德教育则是各流派的核心内容。而且，古代思想教育是以"成德"和"成人"为目的的。但是，其并未对古代政治教育与道德教育之间的关系以及政治教育并非思想政治教育核心的原因进行解释。实际上，对上述两问题的研究也存在各种不同的观点。

另一种观点认为，古代有关思想教育的著作大部分是以道德教育来解释"德育"的内涵的。从广义内涵来讲，"德育"与"思想政治（道德）教育"存在相通之处，因此，"德育"能够体现思想政治教育的学科立场。《教育学辞典》的解释是，广义上的德育包括政治教育、思想教育以及道德教育等。从狭义内涵上看，德育特指道德教育。

上述两种观点虽然对古代思想政治教育的特征进行了阐述，但其叙述方式仍是结论性的，且并未对其依据进行深入思考。因此，这一解释也具有一定的模糊性。如果在研究过程中，相关人员没有对这一问题进行深刻的解释，那么在构建理论体系时很可能会出现生搬硬套或牵强附会的问题，如此会导致古代思想政治教育的研究落入误区。

5. 研究方法存在误区

学术界在进行中国传统文化与思想政治教育研究时，在研究方法上还存在误区。其主要体现在以下几方面。

①用当代思想政治教育理论对中国传统文化进行肢解。研究者大多是研究思想政治教育或马克思主义的人，其缺乏对中国传统文化的深刻了解，这就使得其在对中国传统文化进行阐释时，只能通过当代思想政治教育对中国传统文化进行直接的呈现，而无法体现中国传统文化的原本面目和精神气质，从而导致传统思想政治教育的逻辑体系缺乏自足性。值得注意的是，我们可以通过新学科去审视传统文化，这一方式能够促进传统文化理论的创新。但是，在通过新学科对传统文化进行创新时，必须尊重古人的思想。

②以逻辑推衍的方法来代替实证研究的方法。目前，学术界主要通过逻辑推衍的方式进行中国传统文化与思想政治教育的研究，或者是在中央文件精神的指导下，将中国传统文化作为一种解释性资源进行研究，或者是在对传统文化文本的解读中找出能够借鉴的资源；同时，许多研究人员在进行研究时，常常会忽略社会大众群体对中国传统文化的认知、认同以及不同的社会群体对中国传统文化的需求差异，这就无法体现中国传统文化在实际生活中的应用价值，无法使其更好地为社会现实服务。

（二）大学生思想政治教育层面的存在问题

1. 中国传统文化在大学生思想政治教育中缺失

中华文明具有厚重的文化底蕴，在历史发展过程中，形成了以爱国主义为核心的传统文化思想，这对中华儿女产生了深刻的影响。将中国传统文化融入思想政治教育中，有利于推动大学生的思想政治教育工作与学科发展。然而，目前我国许多高校都缺乏对应的传统文化教育的课程，只有少数高校设计了与中国传统文化相关的选修课。

从目前我国大学生思想政治理论的专业课程的设置情况来看，我国大学生思想政治教育的必修课程没有与中国传统文化相关的内容，只是在思想政治教育的部分章节中体现了一些与中国传统文化相关的内容。虽然高校设置了与中国传统文化相关的课程，但其仅以选修课的形式出现且普及程度有限。有关中国传统文化与思想政治教育方向的课程以及教材更是少之又少。由此可见，我国高等教育的思想政治教育主要是突出其政治性，对文化性的重视程度还不够。中国传统文化在大学生思想政治教育的课程设置中存在严重的结构性缺失问题。

不仅如此，在我国大学生思想政治教育实践活动中，以中国传统文化为主题的活动处于随机开展状态，没有固定的时间和形式。思想政治及教育工作者对中国传统文化的态度，也决定了以中国传统文化为主体的活动的开展情况，中国传统文化中许多优秀的资源没有被开发利用，造成了教育资源的浪费。这也是导致我国大学生思想政治教育缺少中国传统文化的重要原因。

2. 大学生思想政治教育专业教师的传统文化功底欠缺

中国传统文化与思想政治教育这一研究方向，需要研究者同时兼具这两个领域的学术知识，并且具备进行两种甚至多种学科交叉渗透的综合研究能力。然而遗憾的是，我国大部分高校相关领域的教师都无法满足这一要求，他们的专业知识结构较为单一，更没有较强的学科综合交叉渗透研究能力。

目前，从事思想政治教育的教师大多具备马克思主义理论知识，这些教师大多是专门从事与思想政治教育相关的教学和研究工作，他们对中国传统文化没有太多的兴趣，其专业知识结构也偏向于思想政治教育理论。教师只具备较少的中国传统文化相关的知识，是无法将中国传统文化中与思想政治教育相关的资源传授给学生的；而其中少数具备较强传统文化功底的教师，则主要是从事中国传统文化相关研究的学者或专家，其思想政治教育理论相对薄弱，也缺乏中国传统文化与思想政治教育相融合的综合研究能力。因此，可以说，在我国大学生的思想政治教育中，将两种领域的知识有效地传授给学生的教师是比较缺乏的，这直接导致中国传统文化和思想政治教育这一研究方向难以开展，从而严重地影响了思想政治教育的创新与发展。

3. 大学生思想政治教育的培养目标以及教学模式、方法、内容等单一片面

（1）从培养目标以及价值定位来看

我国思想政治教育的根本目的是通过促进人思想道德素质的提高以及人全面自由的发展，激励那些为建设中国特色社会主义、实现共产主义而努力奋斗的人。但长期以来，思想政治教育在价值取向方面，过度强调"社会本位"和"无私奉献"，而忽视人的全面自由发展，这就导致思想政治教育缺乏理性精神与人文情怀。

（2）从教学模式来看

我国长期以来实行以教师为主导的课堂教学模式，这种模式的特点主要体现在以下几方面：一是片面强调教师的权威，强调对学生进行外部约束管理，而忽视学生的主动性、积极性以及自我约束力；二是在思想政治教育过程中，使用统一标准对学生进行评价，忽略学生的差异性；三是在思想政治教育方面缺乏对学生的交互式引导，忽视学生的情感需求等。

（3）从教学方法来看

我国的思想政治教育主张以理论灌输方式对学生进行教育，这种教学方法过于僵化，未能从人性化的角度关注学生的内在需要、引导学生进行自我发展，而是以说教为主，要求学生的无条件服从。这种教学方法较为单一且缺乏灵活性，不利于思想政治教育发挥其实效性的作用。

（4）从教学内容来看

思想政治教育目标设定得不准确，我国在进行思想政治教育实践时过度注重意识形态方面的教育，忽略了对学生进行思想道德教育。思想政治教育教材的内容陈旧单调，缺乏我国在发展过程中出现的问题以及大学生关注的热点问题或敏感问题。这样的内容设置无法解决学生在思想上的困惑，无法满足学生的精神需求，亦难以引起学生的学习兴趣和情感共鸣。

4. 大学生关于传统文化的基础较弱

中国传统文化是中华民族经过数千年积淀形成的文化，对中华民族的发展具有重要的指导意义。作为新时代的大学生，了解祖国传统文化能够增加自身的民族自豪感和自信心。不过，从有关调查报告的结果来看，我国大学生在中国传统文化的接受程度以及认知程度方面并不乐观。大部分学生对中国传统文化比较感兴趣，但对中国传统文化的了解程度非常一般，大学生并未对中国传统文化中的思想精髓进行深入理解，对中国传统文化相关的知识也只是偶尔阅

读；大部分学生能够了解繁体字的意思而无法自如地运用；绝大多数学生认为，传统文化对于解决当下中国社会问题具有积极作用，但对于传统文化的未来发展问题却感觉很迷茫。

调查报告仅能反映我国部分地区大学生对中国传统文化的认知情况。不过，从上述几种情况来看，虽然当代大学生对我国传统文化具有浓厚的兴趣，而且也认同传统文化在当代社会中的价值与作用，但他们对传统文化的认知和理解还有诸多不足之处，大学生整体的传统文化素养相对较低。除此之外，我国当代大学生由于受应试教育、市场经济环境、西方价值观以及网络文化等的影响，传统道德观念较为薄弱，且追求个人主义、自由主义、拜金主义、享乐主义，缺乏社会责任感和奉献精神。

二、师资队伍急需加强建设和培训

高校师资力量的强与弱直接关系到教学效果、教育质量的好与坏。传统文化融入大学生的思想政治教育尽管受多方面因素的影响，但在众多因素中，师资队伍建设无疑是最为重要的一个环节。大学生思想政治理论课是大学生思想政治教育的主渠道和主阵地，在思想政治理论课教育中开展优秀传统文化教育有着非常重要的作用和价值。思想政治理论课教师在这些使命和任务的实现方面，发挥着不可替代的作用。

（一）存在的问题

一是理论素养存在的问题。极少数教师缺乏对马克思主义的坚定信仰，其只把教学当成谋生的手段，只专注于教学科研等与个人有关的工作，这使得其对共同理想越来越淡漠，政治方向感越来越模糊，缺乏教师应有的政治素质和政治敏锐力。也有极少数教师对马列主义、毛泽东思想一知半解，对中国特色社会主义理论体系学习得不够、理解得不透。

二是师德建设存在的问题。如职业认同感欠缺，敬业意识淡薄；自律意识不强，示范作用欠缺。

三是科研育人工作主要存在的问题。科研育人的意识有待进一步强化；科研育人的内容有待进一步拓展；科研育人的方法有待进一步创新；科研育人的合力有待进一步形成。

（二）加强教师师德素质培养

师德作为教师专业素质的核心，能够从教师的人格素质中体现出来。人们常提的"为人师表""以身作则""循循善诱""诲人不倦"以及"躬行实践"等，既是教师的师德素质，又是教师良好人格品质的重要体现。

1. 铸炼师德

教师不仅要对学生言传，还要进行身教。这就要求教师在进行教学时要不断自省、自励、自强，以身作则，做到言行统一，在行动上为学生做表率。教师对学生的根本教育就是教会学生如何做人，教师只有为人端正才能教育学生端正、正直。教师要时刻以大局为重，自觉遵守法律法规和社会公德，遵守学校规定，为学生树立榜样，这样才能教育学生遵纪守法。

教师要为学生树立终生学习的榜样，始终坚持学习。在科学技术飞速发展的今天，国内形势瞬息多变，教师只有始终学习才能保证与时俱进，具备持续发展的能力，为学生树立榜样。教师在保持勤奋学习的同时，还要将这种能力传递给学生，使学生能够不断进步。

2. 促进教师师德的提高

"师爱"指教师对学生的爱。教师热爱学生在一定程度上就是热爱教育事业。但如何热爱学生，如何让学生感觉到教师的热爱是一件十分困难的事情。

所谓的师爱，就是教师对学生不计回报的无私付出，这种爱是在教师教育学生的感情基础上发展形成的。学生只有感受到这种感情，才会更加尊师重道。所以说，师爱就是师魂。当教师与学生能够实现同心同德时，学生的学业就能顺利完成，从而促进教学效果达到最佳。反之，则可能对学生造成伤害，影响全班学生学习的积极性。

3. 不断锤炼教师的心理素质

锤炼教师的心理素质可从以下几方面着手：首先，解放思想，培养开放的意识。教师应从自我封闭的状态中解放出来，立足我国国情，不断拓宽视野，掌握国内外最新教育改革动态。寻找自我素质的定位，不断对素质教育的模式进行创新；其次，接受来自学生的各种挑战。在教学活动中，教师作为教育者而学生作为受教育者，两者可以相互促进，共同进步。教师将自身掌握的知识教授给学生，促进学生成长，学生将学习成果反馈给教师，这样有助于教师进行自我检验，这就是所谓的教学相长。在教学过程中，教师要能够虚心接受他人给出的意见或建议，虚心向后辈或学生学习。

（三）转变教师教育思想

1. 重视学生的个性发展

发展的根本动力在于受教育者心理的内部矛盾。学生作为学习活动的主体，其学习是主动的过程。为了更好地调动学生的积极性，教学活动应能激发学生的内在动机，使之形成积极的学习态度。教书育人的本质是一种教学。教师在对学生进行思想政治教育时，应重视发展学生的个性和自主性。新时期的教书育人工作应当建立在师生间的民主、平等交流、友善合作的基础上，教师也应把育人的过程视为学生的个性发展与完善的过程。

2. 重视智能教育

教学的焦点不是理性探究的结果，而是理性探究本身，是怎样认识、为什么认识，而不是认识什么，因为教师传授了知识并不代表学生的能力就得到了发展。学校教育所培养的人，最终都要能够自主地去解决其所面临的问题，特别是在当今国际国内形势飞速发展变化的情形下，学校要培养能够独立自主解决未来社会生活工作中的困难的人才，这样能力的培养就显得尤为重要。教学活动要在告诉学生什么是真理的同时，教会学生如何认识真理。

掌握真理的过程是一个追求真理、探求真理的过程。教育者要成为学生探索真理的引路人，关键是把学生看成具有一定思考能力与思想方法的人，引导他们寻求真理，进而教会他们运用辩证的思维与科学的分析方法，学生只有在学习的过程中，感到寻求真理的乐趣，才能真正地拥有自我教育的积极性，从而实现教师教书育人的目标——培养合格人才。

3. 强调育人方向

学生要具有辩证唯物主义的世界观与人生观，要热爱祖国、人民和劳动；要具有强烈的事业心、责任感和协作精神，还要有坚忍不拔、拼搏进取的精神。

现行的思想政治教育强调学生要将努力学习与个人出路联系在一起，以对得起父母、对得起自己为激励手段，以是否"出事"为标准，这种行为是对育人的误导，这样会使学生无法拥有崇高的精神追求。

（四）整体推进教师的专业成长

教师作为教育事业发展的重要资源，是教学事业能够稳定发展的前提条件，因此，师资队伍的建设是教育改革的重中之重。

1.整体推进的内容

（1）对教学管理人员进行培训

随着办学模式的不断变化、学校教师数量的不断增加，许多教育集团开始实行"一校多区"的办学模式。学科组长可以将教学管理部的要求传递给教师，并带领学科组的教师进行教材的深入研究，如此可在组内形成浓厚的教学研究氛围，从而提高教师的教学质量。由此可见，学科组长在教育教学管理中发挥着至关重要的作用。教学管理者要定期对学科组长进行培训，从而提高其学科管理能力。

学校还应设立对应的专项经费，用于院校骨干教师参加国家、省、市、区等各级别的专题培训，从而使教师的眼界不断被拓宽，使教师的研究能力以及教育践行和反思能力进一步提升，进而建立一支高素质、高能力的教师队伍。

（2）专家引领，提高教师的科研能力

专家的引领可以不断促进教师专业的成长，学校可以邀请信息技术专家以及教育、教学专家构建专业的研究团队，引领全校教师开展有意义的课程研究。学科各课题负责人通过各种方式积极与课题组的专家进行联系，并及时向相关领导汇报研究的进程、阶段成果以及研究过程中出现的问题，通过与专家进行不断的讨论，得到适合本校实际情况的具体研究方案。专家们的参与，不但能够从理论层面，对各课题研究的重要性有更加深刻的理解，提升本校教师的理论水平，拓宽教师的视野，使其接触最先进的教育教学理念；而且能够明确指出教师进一步研究的方向，坚定教师进行研究的信心，并对教师进行具体的指导，帮助教师积极有效地开展研究工作。

（3）拓宽教师视野的国际、国内培训

院校在进行校内教育教学工作与校本教研工作整合的同时，还可以派出大量优秀教师进行国际、国内培训，从而拓宽教师的视野，这样有利于教师及时吸收国内、国际最前沿的教育教学信息。

（4）提升课堂魅力的示范培训

随着课堂教学研究的深入进行，教师以及学生的能力都得到了巨大的提升，院校的教学质量以及教学影响力都得到了明显的提升。此时，院校就能够承担一些大型的研究活动。除了承担大型研究活动外，学校也要经常组织全校性的课题研讨活动，或者跨学科、跨校际的课题研讨活动。这样的大型课题研讨活动能够激发教师参与研究活动的积极性。

2. 教师培训整体推进的策略

（1）学校层面

根据学科的发展需求，确立相应的激励机制，这不仅是对教师进行物质奖励，还是综合考虑学校长期发展与教师终身成长进行激励机制的设置。众所周知，学校信息技术的发展必须以硬件的大量投入为基础，片面地追求高规格、高技术、高投入，忽略管理的问题，会产生人力、物力以及财力的浪费。因此，学校在进行硬件投入时一定要考虑如何充分发挥它们的作用。

在进行常规管理时，学校要每个月对信息技术的使用情况进行评估，并对教师进行信息技术的培训，还对网络的使用情况进行及时的总结、评价。随着学校办学规模以及信息化水平的不断提高，学校要对办学理念进行进一步的弘扬，不断与时俱进，打造学校文化特色，并在不同校区根据教师的特点增设新的内容。

（2）教师团队层面

从团队建设角度来看，要建立不同类型的研究团队，如"名师工作室""新教师团队""特级教师工作室"以及不同课题组等。教师可以依据自己的喜好选择团队，而团队要根据教师的特点对其进行相应的培训。

专家培训可以帮助教师解决思想认识方面的问题，为教师搭建各种发展的平台，为教师提供学习的机会。教师通过这一学习过程，可以找到自我发展的新途径和归属感。对制度以及机制进行及时调整，可以保证学校各专业的正常发展。

教师通过教学设计，可以使学生充分理解教材，进而使其更好地掌握教材中的知识。教师虽然在课前做了许多准备，但在实施过程中难免会出现不同的问题。因此，教师必须不断地进行自我反思，通过积累经验不断进行调整，及时发现新问题，将教学实践提升到新的高度，从而实现自我超越。

反思主要分为两部分：一是任课教师的反思，二是听课教师的反思。课堂结束后的教师反思：一方面对学生的学习过程、特点以及内容进行思考，寻找有利于学生学习的教学方法；另一方面，通过对教学过程和教学知识进行反思，促进信息技术与教学过程的融合，从而提高教师的自生能力。

教学过程本就是一个反复循环的过程。通过认识—实践—再认识—再实践的过程，不断提高教师的教育教学水平。教师也在这一过程中对自己的教学方法进行不断的调整与改进，从而提高自身的专业素养。

（3）教师个人发展层面

在对教师进行专业素质的培养时，不能仅局限于教师自己的圈子，要不断拓宽其视野才能促使其专业素质不断提高。

在进行全校教师专业素质的培养时，教师的教与学要同时进行，并不断对教学实践过程进行反思，对经验进行系统的总结，将总结的经验运用到教学实践中，经过这样一个过程教师的思维水平和理解水平都会有明显的提升。而经过这一过程，教师也能从不同层面对同一问题进行研究，从而实现思想的交流，最终形成看法，形成良好的学习氛围，实现"和而不同"。所谓的"和"就是教师不断地反思，在相互交流中形成的学习氛围，"不同"则指教师反思的方法的差异，其主张通过信息化的手段实现教师的专业化成长。

（五）加强教师科研素质管理

在当今社会，科技竞争是国际高校竞争的焦点，因此，必须加强教师科研素质的培养。

1. 教师必备的科研能力

（1）具备科研开发的能力

随着科学技术的飞速发展，高校教师必须站在科学发展的前沿，使高校教学内容具备较强的流动性和变异性。这就要求高校教师不仅要具备扎实的知识，透彻了解所教课程的全部内容，而且还要涉猎与教学内容相关的知识。科研就是高校教师获取最前沿科学知识最直接、最有效的途径。教师通过对学科进行深入研究，可以促进学科向更深、更广的领域发展。

（2）具备科技创新能力

创新能够促进民族进步和国家的发展。具备创新能力的教师可以促进学生创新精神的发展，可以对学生的创新能力进行培养。教师应当主动对科学知识与技术进行进一步的探索，对教学思想、教学方法以及教学模式进行创新，以探索出独具个性的教学风格。

（3）团队协作能力

科研领域的开发仅依靠个人的能力是远远不够的，还要依靠团队进行工作。但团队成员的性格迥异，这导致了在进行团队协作时，首先要处理好团队间的人际关系，避免整个科研项目因为个人的不配合而停滞不前。只有处理好团队中成员之间的关系，科研项目才能够快速、有效地进行。因此，团队协作能力是进行团队科研开发必备的能力之一。

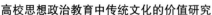

2.提高教师科学能力的必要性

（1）科学研究能够促进师资水平的提高

科学研究不仅能够促进教师形成合理的知识结构，还能够培养教师的创造性思维和创新能力。开展教学研究与科学研究，能够不断深化教师科研的意识，有利于促进创新型师资团队的建设，从而打造一支高质量的创新型师资队伍。

（2）科学研究能够促进学生培养创新能力

教师只有具备了较强的创新能力和意识，才能促进教学工作的创新。因此，教师要不断增强自身的创新能力，融入国家的创新工程中。这一过程需要教师和学生共同参与科研活动，需要教师运用已学的理论知识去解决实际问题，将书本知识转化为创新能力，学生参加科研活动可以使自身形成良好的研究习惯，并培养自身的创新能力。

（3）提高教师科研能力是培养创新型人才的要求

我国始终致力于实现建设创新型国家的战略目标，高校作为培养人才的主要基地，担负着培养创新型人才的重要责任。高校教师具有培养学生创新能力的职责，这就要求高校教师要不断提高自身的科研能力。高校教师作为科研的中坚力量，能够促进国家的科技创新，保障我国科技创新的可持续发展。

（4）提高教师科研创新能力是实现教学与科研共同发展的要求

高校的主要职责是教学，而科学研究则是高校的灵魂，两者缺一不可，教学与科研是衡量高校教师素质的重要指标。高校教师只有明确了教学与科研之间的关系，才能在教学工作中正确地运用科研方法与成果，从而促进教学质量的提高，引导学生用发展的眼光看待问题，促进学生创新能力的提升。

3.提高教师科研能力的途径

（1）建立完善的知识结构

科研能够进一步提升教师的教学水平，使其在新的高度上开展教学工作。科研也能够促进教师教学方法和手段的进一步完善，提高教师开发新课程的能力，教学和科研作为教师工作的必要内容，必须和谐发展。这就要求高校教师在教学的基础上注重对科研能力的培养，学习该专业的前沿知识和理论，了解国内外的学术动态，根据自身实际情况有针对性地对自身能力进行培养。与此同时，还要对相关领域的专业知识进行深入了解、学习，以丰富自身的知识结构，满足科研工作的要求。

（2）确立正确的科研方向

高校教师开展科研活动必须选择正确的研究方向。高校教师必须根据自身所处的阶段的差异，有针对性地确定科研方向。例如，刚进入岗位的青年教师应根据自身的专业知识以及从事的岗位确定科研的方向，只有明确了目标才能有所作为。而科研方向的确定需要教师具备扎实的专业基础，掌握本专业的研究方向，对研究内容能够进行进一步的创新。如此，教师才能开辟出一条适合自己的研究道路，从而避免无用功或重复研究。

（3）创造和谐的科研环境

良好的科研环境能够促进教师科研能力的进一步提升，教师作为高校发展的基础，其科研能力的高低将直接影响高校教学水平的好坏，高校要尽全力营造良好的学术氛围，处理好教师团队之间的人际关系，激发教师进行科研工作的热情和积极性。同时，在科研团队中不断加强对青年教师的培训，让具备较强科研能力和丰富经验的专家对青年教师进行系统指导，从而促进青年教师科研能力的提升。

除此之外，高校还要建立一套完善的科研管理体系，建立公平的竞争机制，为教师进行科研工作提供便利条件，确保科研工作的顺利开展，想方设法地改善教师的科研条件，为教师提供一个公正、合理，又充满竞争的科研环境。

第五章　传统文化在高校思想政治教育中的价值实现

在高校教育中，传统文化要发挥育人的作用，并且满足大学生思想政治教育的需要，因此有必要将二者有效地对接起来，使中国优秀传统文化可以遍地开花。本章分为加强高校思想政治教育理论课中传统文化的建设、提升高校思想政治教师的传统文化素养、在校园文化与社会实践中渗透传统文化、充分利用媒体手段促进传统文化与高校思想政治的融合四个部分。主要包括加强优秀传统文化课程建设、提升高校思想政治教育工作者的传统文化素养、关于增加校园文化建设中的优秀传统文化元素以及新媒体的特征和作用等内容。

第一节　加强高校思想政治教育理论课中传统文化的建设

一、加强优秀传统文化课程建设

（一）实现与思想政治理论课教学体系的有效对接

1.将中国传统文化纳入思想政治教育范畴

在以前的很长一段时间内，我国由于照搬"苏联模式"，所以在思想政治教育实践中一直偏重意识形态教育，即只强调马克思主义哲学世界观的教育，而排除中国传统文化的教育，思想政治教育的文化功能就这样被排除出去了。由于缺乏厚重的文化资源的支撑，我国的思想政治教育变得教条僵化、空洞枯燥、难以服众，因此陷入了一种尴尬局面。目前，这种局面虽然有所改观，但仍未彻底改变。因此，我们有必要改变这种尴尬状态，促进思想政治教育的创新发展，将中国传统文化融入高校的思想政治教育中。在高校中开设中国传统文化课程，如讲授《周易》《论语》《孟子》《大学》《中庸》《诗经》《楚辞》《荀子》《韩非子》等中国传统文化经典典籍，或是讲授《汉字文化》《茶文化》《酒文化》《孝文化》《忠义文化》《武术文化》等文化现象，或是讲授《中西比较文化》并揭示其现代价值与当代意义等，使学生在中国传统文化的熏陶下，不断提高自身的思想道德素质和传统文化修养，从而实现思想政治教育的育人目标。

2. 加强与中小学及社会上优秀传统文化教育的衔接

大学生的传统文化教育一般是从小学开始的，对传统文化内容和精神的学习是在小学、中学的语文、历史等课程中逐步展开的。在大学阶段，高校继续对大学生进行传统文化教育，但想要达到理想效果的一个前提，就是先要去研究大学生在小学、中学阶段都接受了哪些传统文化教育，了解学生在小学和中学阶段学习了传统文化的哪些内容，这样教师就可以在教材和教学内容上与中小学的传统文化教育衔接，从而有效地避免了高校传统文化教育与小学和中学的传统文化教育相脱节的现象。此外，教师还应该与时俱进，关注社会中正在流行的传统文化，将其筛选，添加到相应的教学活动中。在最近几年，宫廷剧非常受欢迎，《芈月传》等电视剧在各大卫视连续热播且收视率居高不下。教师可以借此机会，利用电视剧的历史背景，挖掘其中有益于大学生的优秀传统文化精神，对学生进行传统文化教育。

3. 从传播学视角加强思想政治教育的创新教学

传播是人类社会关系能够存在和发展的一种具有决定性的机能，传播以及针对传播所进行的研究——传播学，与每个人的生活息息相关，且时时相伴。而思想政治教育是一种传播思想政治的过程，因此，它和传播学有着诸多关联之处，教师可以将思想政治教育理解为一种特殊的传播过程。

（1）思想政治教育与传播学的关联之处

首先，从研究对象来看，思想政治教育和传播学有相通之处。思想政治教育是给受教育者传授一定的思想、政治和道德观念，使受教育者形成能够满足社会需要的思想道德品质的实践活动。而传播是信息流动的过程，传播学也就是研究如何有效传播的一门科学。在网络不断发展的基础上，研究信息传播的传播学也和多门学科有了交叉，形成了多门交叉学科，具体来说，有文化传播学、经济传播学、公共关系传播学和政治传播学等。从这个角度来看，思想政治教育就是一种传播思想政治观念的实践活动，是可以被划入传播学领域的。同时，传播学理论的丰富，也使传播学出现了多个分科，例如，大众传播学、人际传播学和组织传播学等。从思想政治教育的形式和过程来看，又可以将思想政治教育归入人际传播和组织传播中。因此，可以说思想政治教育就是一种特定类型的传播活动。其次，从目的来看，思想政治教育和传播学也有相通之处，它们都有同向性。传播是在信息的共享中、在相互沟通中使接收者受到传播影响的，传播中的信息是有目的的。所以，传播常被看成个人或组织对别人施加影响的一种手段。而思想政治教育也是这样，它是教育者施加给受教育者相关思想政治理论的一个过程，目的是塑造受教育者良好的思想政治道德素质，影响他们的言谈举止和实践活动。

（2）利用群体动力提高教育效果，避免群体压力带来的弊端

社会关系论强调的是群体关系在传播活动中的作用。这一理论将注意力放在了群体压力、合力对个人接收传播信息所产生的影响上，其认为受众所属团体的压力和合力对受众接收信息时的态度及行为会产生很大的影响，而媒介通常难以改变人们固有的信念和态度。这一理论认为，受众的社会关系对受众有着巨大的影响，事实上，传播的效果经常会被受众的社会关系削减。这里所说的社会关系，主要包括人际网络、群体规范和意见领袖等。与社会关系论相关的一种理论就是群体压力理论，它认为，群体压力能够影响受众对传播内容的接收。人们一般都会选择加入与自己意见一致的团体，团体对这些意见的认同，会加强个人关于此意见的信心。传播的信息一旦不符合团体的利益和规范，便会受到团体的抵制，这时，传播的作用就会被削弱。因此，要想得到良好的传播效果，就必须了解某人所属或认可的团体，这可以帮助传播者预测受众的行为，政治传播尤其是思想政治教育更是如此。因此，研究作为社会群体成员的受教育者的接收机制，利用群体动力提高教育效果，同时避免群体压力带来的教育弱化效应，是增强传统文化融入思想政治教育实效性的新路径。

（3）中国传统文化融入高校思想政治教育的实践途径

以校园文化为载体，进行传统文化与德育的融合工作。校园文化对人的道德修养的影响是潜移默化的，我们不能实时看到作用，但是在长期的影响中，其能够使学生的道德发生质变。校园文化想要起到事半功倍的效果，可以从以下几个方面努力。第一，硬件方面可以充分发挥学校的硬件设施的作用，例如，可以借助校园广播、板报设计、宣传栏等设施，充分发挥其作用，宣传中国优秀传统文化，使学生达到"耳濡目染，不学以能"的目的。第二，软件方面为了宣传普及优秀传统文化，可以举办相关主题的班会、校园文化节、演讲比赛、辩论赛等活动。传播学主张新闻媒体要确立正确的舆论导向，关注传统文化问题，介绍和宣传一些传统文化的精华，提高全社会对传统文化的认识，加速传

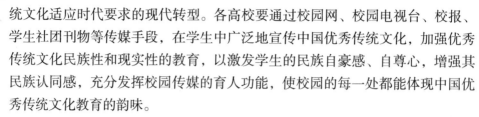

统文化适应时代要求的现代转型。各高校要通过校园网、校园电视台、校报、学生社团刊物等传媒手段，在学生中广泛地宣传中国优秀传统文化，加强优秀传统文化民族性和现实性的教育，以激发学生的民族自豪感、自尊心，增强其民族认同感，充分发挥校园传媒的育人功能，使校园的每一处都能体现中国优秀传统文化教育的韵味。

（4）中国传统文化融入高校思想政治教育的科学方法

第一，研究受教育者的需求心理，尊重其主体性地位，增强受教育者的参与度。因为个体的需求不同，信息传播一般不会同时被所有受众接收，而在所传播的信息中，受众会自发挑选对自己有用的信息来满足自己的需求。从这个理论出发，可以看出，受众在接收信息的传播时并不都是被动的，他们会进行主动的挑选，且侧重于挑选适合自己需求动机的东西。所以，传播的主动权最终并不是掌握在传播者的手中。中国传统文化要想融入高校思想政治教育，就应该更加强调大学生的作用，思想政治教师要重视受教育者接收机制的研究，积极满足受教育者的需要，帮助受教育者了解传统文化同社会需要之间的必然联系，从而产生接受教育和自我教育的内在需求和动力，同时还要准确把握受教育者的需要，及时满足其合理的需要。第二，研究受教育者的选择心理，注重个体差异，开展不同内容、不同方式的教育活动。在思想政治教育的过程中，不存在整齐划一和一成不变的受教育者。教育者一定要善于了解并利用受教育者的经验、态度和立场等，并从尊重受教育者的角度来进行教育活动。因为人思想品格的形成和发展是一个内化和外化相衔接的循环过程，受教育者注意力集中的过程，其实就是对信息进行取舍的过程，受教育者不可能对所有的教育信息都全盘接受，其在选择教育信息时，往往是选择并接受那些与本人观点、立场相符的内容。

（二）优化完善中国优秀传统文化课程体系建设

1. 中国优秀传统文化课程的开展

作为高等受教育者获取优秀传统文化知识的主要途径与阵地，高校课程起着举足轻重的作用。然而，从许多高校目前的课程设置情况来看，我国传统文化的教育处在进退维谷的境况中。原因在于国内的众多经典著作还没有被细致地整理，所以对于一般的普通大众来说，其是艰涩难懂的，更别提趣味性了。因此，学校一定要将语文课这一学习古典文化的平台巧妙地利用起来，通过对大学生传统文化的输入与教导，辅以某些教育方面的选修课程，同时使之更加规范与制度化，最终使得我国传统文化渐入规范发展的轨道。大学生通过对优秀文化传统的学习，可以更好地培养辩证思维，从而极大地提升自己的素养与思辨能力。

2. 将儒家思想内涵渗透到课程体系建设之中

大学生品德教育的主要内容与儒家思想内涵相辅相成，为此，学校在传扬我国道德文化传统时，应不单单局限于某个角度与途径，而应进行全方位的资源整合，将儒家文化与思想融会贯通，从而达到育人的目的。第一，把儒家思想教育课程纳入高校的公共理论之中。目前，大多数高校都开设了"中国文化概论"这一课程，这对于我国传统儒家思想理论的传播极为重要。但在具体教学课程实践中，很少有教师会讲授儒家思想。所以，将我国传统儒家思想融入大学生的生活，全面利用其中文化资源的教育作用是十分必要的。第二，学校对学生进行思想政治方面的教育，离不开思想政治课的课堂教学。事实上，教师在进行思想政治教育时，也可以将其与国内传统的儒家思想融合在一起。把我国优秀传统文化中的教育与思想政治课程结合起来，可以极大地丰富目前的思想政治课。

3. 基于媒体平台的基础，完成中国优秀传统文化和多媒体的结合

随着科学技术的高速发展，网络技术正以迅雷不及掩耳之势悄然改变着大众的生活与工作方式，进而也促进了道德教育新方式与渠道的形成。目前，是否可以行之有效地开发与利用网络教育，对中国优秀传统文化能否发挥其独特性的这一教育优势起着决定性作用。当前，网络使用群体中最为庞大的队伍就是大学生，所以，教师在进行传统文化教育资源的开发和利用时，一定要清醒地意识到有效发挥网络载体的现实意义与重要性。第一，随着网络时代的到来，人的能力培养和个性发展问题日益突出，它们和社会规范的灌输一样，成为高校大学生思想政治教育的重要任务，教师必须将二者有机地统一起来。教师可把网络载体当作大学生思想政治教育的重要阵地，开展各项教育活动。比如说，创建各种以中国优秀传统文化为主题的网站，使学生们在使用互联网时也能学习很多新知识。同时，还可以通过网络评比，让学生自己担任评委，欣赏参赛同学的作品，并给出民意评分结果。这样，既充分调动了学生的参与性和主动性，又起到了传统教育没有的作用。特别需要注意的是，教师在通过网站这一形式进行思想政治教育时，一定要关注在这种形式下，进行思想政治教育要采用怎样的语言形式才能达到"以礼喻人、以情动人"的效果，达到润物细无声的目标。第二，采用微博、微信等形式，同样可以起到类似效果。人们之所以越来越青睐新媒体，是因为其方便性、通用性。这种新兴媒体给大学生带来了全新的沟

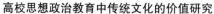

通形式，且符合他们目前主动求知的心理特征。比如说，通过微信、微博等软件给大学生提供一些关于我国优秀传统文化的公众订阅号，按时为他们提供一些与之相应的信息，可以给他们在零碎时间获取知识提供帮助。另外，教育者还能通过微信、微博这类平台，及时解决目前大学生普遍反馈的道德滑坡问题，进而为高校思想政治理论教育活动，开拓一片新天地。第三，教师还能借助图书馆这个资源宝库进行优秀传统文化的宣扬。比如，引导大学生积极运用图书馆的各种文献资料，以及通过阅览室下载与优秀传统文化相关的电子文档与视频等影像资料，更好地知晓与了解一些经典名著与人物传记，进而有效地吸收其中的精华，从而提升自身的思想道德素质，实现全面发展。

（三）在教材中增加带有传统文化民族色彩的内容

高校思想政治教育教材是对大学生进行科学世界观、价值观、人生观教育的基本途径，对于提升大学生政治素质、思想品德素质、法律素质等，起着知识载体的作用。因此，各个高校可以让传统文化走进教案教材，从本校思想政治教育现状出发，依托地方传统文化的优势资源，取其精华，编写出具有地方特色的、能让学生切实感觉到的、具有传统文化气息的校本教材。同时，思想政治教育教材贯穿着马克思主义中国化这条主线，马克思主义中国化理所当然地包含着马克思主义与中国传统文化的有机组成部分。因此，在校本教案教材的建设中，教师应致力于马克思主义中国化的研究，中国传统文化与马克思主义在哪些方面是贯通的，要善于用中国传统文化的思想精华来丰富马克思主义理论，这样既升华了中国传统文化的优秀思想成果，又发展了马克思主义。例如，在培养当代大学生道路自信、理论自信、制度自信，增强其国家认同感方面，相关教育者在教材中要增加以"天下兴亡、匹夫有责"为重点的具有家国情怀的内容；在提升当代大学生生态文明素质方面，其在教材中要增加尊重自然、顺应自然的"天人合一"理念，使当代大学生能够体会中国传统文化之美；在弘扬社会主义核心价值观方面，其在教材中可以增加中国传统文化"仁义礼智信"的内容，尤其是像"三尺巷"等优秀小故事，从而更好地引导学生学习正确处理个人与他人、个人与社会的关系。

二、加强在优秀传统文化中融入高校思想政治教育的理论研究

（一）加强理论研究者的问题意识

理论研究唯有对社会现实做出积极回应，才能获得持续发展的源头活水。

在思想政治教育中,对中国传统文化中的思想政治资源的挖掘与阐释,不应当仅仅陶醉于概念的界定与理论体系的呈现,更为重要的是,应该能够对人们所关注的现实问题做出有效的回应。因此,关注社会现实,从实证调查入手,在寻找问题、引入问题中确定研究的切入点,不断开阔学术视野,是将传统文化与思想政治教育融合研究的重要途径,是教师应该广泛使用的研究方法。

(二)加强理论研究的认识高度

提升传统文化融入高校思想政治教育的认识高度。优秀传统文化融入高校思想政治教育绝不仅仅是一个普通的教育教学问题,更是关系着高校思想政治教育创新发展的方向性问题。高校思想政治教育的内容是中国的还是外国的;社会主义的中国特色是一种权宜的说法,还是深植于中国优秀传统文化土壤上的必然选择;如何让世界听到马克思主义、中国特色社会主义的中国声音;中国传统文化能否传承下去;中国优秀传统文化能否成为中华民族立于世界民族之林的文化软实力;中国优秀传统文化在多大程度上可以为全体中国人,包括海外华人提供文化自信,这些都是理论研究应当注意的问题。

(三)加强理论研究的广度和深度

加强优秀传统文化融入高校思想政治教育问题研究的广度和深度。目前,传统文化融入高校思想政治教育的理论研究尚处于初始阶段,没有形成完整的理论体系,研究的深度和广度还需要加强,这也是思想政治教育工作者在今后一段时期内理论研究的重点。专家学者们可以在传统文化融入高校思想政治教育的研究中,选择其中的某一个方面进行深入的、细致的研究,从而将这一个方面的问题弄懂、说清、讲透。同时,扩展理论研究的广度。有意识地从不同的侧面去研究传统文化融入高校思想政治教育的问题,使研究呈现出更加立体、更加系统的面貌。这样有助于教师在应用研究阶段,以不同的思路和视角对具体措施提出设想,也可以使具体措施的提出有理可依、有据可查,最终达到使优秀传统文化真正服务于实践的目的。

(四)加强理论研究的创新性

传统文化是中国古代社会的文化,高校思想政治教育秉承的是马克思主义思想,属于现代的先进思想,将传统文化融入高校思想政治教育本身就是一种创新,所以教师在对两者的融合进行研究时,就不能一味地套用旧有的理论和方法,其需要根据实际情况进行合理的创新。所谓创新,不仅要在研究的角度和内容上进行创新,而且要在研究方法上进行创新,以使中国优秀传统文化和高校思想政治教育实现有效的融合。在大学生思想政治教育的内容建构上，教师可以古为今用，推陈出新，汲取中华优秀传统文化丰富的文化内涵、文化品位和文化精神，培养大学生的社会主义核心价值观；在大学生思想政治教育体系的建设上，可以借鉴传统文化的价值规范体系，建设有中国特色的大学生思想政治教育体系；在大学生思想政治教育的方法论上，可以借鉴中国传统文化的"知行合一、经世致用、刚柔兼济"等思想处理思想政治教育中出现的新问题、新情况，创新具体的思想政治教育工作方法，充分发挥现有优势，进行创新性的转变。

第二节　提升高校思想政治教师的传统文化素养

一、加强思想政治理论课教师应具备的基本素质与能力

（一）提高对思想政治教育的认识

通过调查发现，我国现在的各个高校，有重视理工科而轻视文科的倾向，思想政治教育课也在很多学校中不受重视。而思想政治教育也存在着重视马克思主义理论，忽视思想品德修养的倾向。很多时候，不仅是高校不重视这种情况，而且是担任思想政治课的教师也对此不重视，只将其作为一般的教学任务来看待。这些问题显然是由各高校和思想政治课教师认识不足造成的。有的高校由于找不到合适的教师，所以思想政治课就不得不以大课的形式来上，一堂课常常是几个专业的学生坐在一起，甚至是几个系的学生坐在一起，在这样的课堂上，一来学生不能有效地理解思想政治课的知识，二来也影响了教师和学生之间的互动交流，教师根本不可能有效地了解到学生个体的思想政治需求，不能准确地制订授课策略，只能用大而全的方式进行授课，学生能不能接受基本不知道。同时，以这样的大课形式，课堂秩序也会很差，不愿意听讲的学生会通过各种小动作的方式排斥听课，教师也不能有效地维持秩序。

在这些情况下，思想政治课就达不到其本身的教育目的，而且它的威信也会受到很大的影响。还有部分高校，在没有专门的思想政治课教师的情况下，会令学校党委成员或各系书记来授课，这是很难做到理论联系实际的，其效果自然就大打折扣了。

（二）提高思想政治理论课程的实效性和针对性

1.要具备高度的责任感、紧迫感和使命感

学校要把加强和改进思想政治理论课，作为一项重大而紧迫的政治任务。高校思想政治理论课的教师一定要有高度的责任意识，要把中央精神很好地贯彻下去，要和中央部署的高校思想政治理论课程设置新方案接轨，要认真研读中共中央对于教材编写和审定的精神，尽快熟悉和掌握新课程的教学目的和基本要求，在各方面使自己保证授课的质量。高校思想政治理论课的教师要认识到，做好思想政治教育不仅是对学生的负责、对自己的负责，而且是对整个国家和民族的负责。

2.要提高自身素质，促进大学生健康成长

思想政治理论课是为了提高大学生的思想素质和道德修养而开发的，思想政治教师想让学生有一定的道德素养，那自己首先就必须成为一个有着较高道德素养的人。思想政治理论教师自身的言行、思想对大学生是有着很大影响的，其自身有着高尚的道德素养，学生才可能有同样高的道德素养。反之，思想政治课教师任何一点道德修养上的小缺陷，都可能给学生造成不可估量的影响。发挥教师在教学活动中的文化引导作用，提高教师的整体素质，包含两个方面的内容：一是加强任课教师的传统文化知识储备，使其在教学过程中能够更好地实现思想政治教育与传统文化的有机结合，从而开创思想政治教育和文化传承的共赢局面。二是提高各科教师特别是思想政治教育方面教师的传统文化素养。这样教师就可以在平时的授课中，将传统文化与思想政治教育融合起来，使学生可以耳濡目染。因此，高校思想政治课教师一定要努力提高自己的思想道德素质，平时的实践活动要符合思想政治教育的精神和主旨，只要是要求学生做到的，其自身就要首先做到。"喊破嗓子，不如做出样子。"榜样的力量是无穷的。思想政治教师应以身作则，自己带好头，在学生中间形成良好的风气。思想政治课教师要知道，自己的一言一行、一举一动，都有着重要的示范和引导作用，因此，必须做到真正有修养、讲道德，并且把这当成是一种责任，绝不违反。高校思想政治课教师是大学生思想政治的领路人，其只有自己的功夫做扎实了，才能真正在思想政治方面教育好学生。因此，高校思想政治课教师应具备以下几项素质。

（1）要有过硬的思想政治素质

高校思想政治课教师要坚持党的基本路线和方针政策，自己要在言行和精神上同党中央的精神保持一致。教师只有自己具备过硬的思想政治素质，才能

真正扮演好大学生思想政治领路人的角色，将大学生从不正确的思想认识中解放出来，树立起正确的人生观、世界观和价值观。

（2）要有良好的职业道德素质

高校思想政治课教师在任何时候都要想到，做好工作是自己的责任，做不好工作是自己的失职。同时，教师也要对工作充满信心，并用自己的激情去感染学生，在学生有困难时能够帮助学生，在学生迷茫时能够指导学生，在学生有疑惑时能及时给予学生解答，从而成为学生成才的真正指路者。

（3）要有丰富的理论业务素质

现在是一个知识经济的时代，高校思想政治课教师想教好学生，就要懂得"打铁还需自身硬"的道理，自己要做到思想与时俱进，紧跟这个时代，思维不能过于保守僵化，要随着事物的变化更新自己的观念。教师必须学习新的思想理论、教育理念，用新的理论和理念来提高自己的教育基础，从而探索出新形势下合适的教育途径或方法，为高校思想政治课的新局面打下基础。

（4）要有与时俱进的创新素质

现在的社会发展很快，有些思想政治课的教师总是固守传统的观念、传统的打法，而不知道创新，这是不行的。教师在高校思想政治教育的创新中，要深入研究马克思主义的原理，要认真领会马克思主义的基本立场、观点和方法，同时，又要结合当前我国发展的基本情况，对高校思想政治教育做出最新的阐释。遇到问题时，教师也要经常问自己"为什么"，并且梳理出之前出问题的原因，这样做，不仅是给旧有的想法一个机会，也是一种重新思考、重新整理的过程。在这个过程中，教师就可以勾勒出创造性的思想政治教育方法。

二、提升高校思想政治教育工作者的传统文化素养

传统文化通过几千年的积淀已经成为民族心理的一部分，人们若对它没有一定的理解和认识，就很难有较高的思想境界。要想使传统文化融入高校思想政治教育，首先要做的工作就是提高思想政治教育者的传统文化素养。

在高校从事思想宣传工作、学生工作的教师，特别是思想政治理论课的教师，是传统文化融入高校思想政治教育的基本师资队伍，加强这方面的师资队伍建设，多渠道地培训师资队伍，提高教师的政治觉悟和专业知识水平，是提高传统文化融入高校思想政治教育质量的关键。

加强高校青年教师思想政治建设的思路。从根本上讲，提高我国高校青年教师的思想认识水平，不仅要靠广大青年教师的不断学习，而且还需要相关人

员不断改进高等学校青年教师思想教育工作的内容、形式与方法。从高校思想政治工作改革的视角来看，后者更为重要。为此，第一，高校要遵循教师成长规律，推进思想政治教育的深度和广度。第二，高校要提高青年教师思想政治教育的针对性与灵活性。第三，高校要建立青年教师思想政治教育的保障机制。结合传统文化融入高校思想政治教育的总目标和总要求，加大教师培训力度，扩大教师培训规模，是当务之急。无论是教育主管部门，还是高等院校，一定要从"讲政治"的高度，重视传统文化融入高校思想政治教育教师队伍的培训工作，切实加强队伍建设。其中，可行的途径有以下几方面。

（一）传承传统文化，教师先学先行

教育者必先受教育。推动传统文化融入高校思想政治教育，要积极开展传统文化的"三进"工程，即优秀传统文化"进教材、进课堂、进大学生头脑"，"三进"工程的有效开展，必须基于思想政治教育工作者扎实的传统文化基础和素养。因此，传承传统文化，教师要先学先行，入脑入心。高校思想政治教育教育者要学全、学透、学深、学活，真正成为传统文化融入高校思想政治教育的先知先觉先行者。促进传统文化融入高校思想政治教育，是提高教师思想政治觉悟、锻炼其处理复杂问题的能力、使之做好立德树人工作的千秋伟业。学透是融入的基础。高校教师是我党推进中华民族伟大复兴的重要力量。因此，我们应当坚持把传统文化的传承融入中华民族伟大复兴的历史的全过程，用创新的态度、科学的方法来验证与实践传统文化，从而很好地利用马克思主义的立场、观点和方法，准确地解答学生疑难中的重大理论和实践问题，通过分析传统文化的精华价值，明事理，聚魂气，扬正气。学活是关键。只要活学活用，把传统文化灵活多样地融入高校思想政治教育，理论联系实际就会发挥出巨大的威力。

（二）组建教研学会，推进教师研讨

由于多种原因，不少省份高校的马克思主义理论学科的教学研究会，自20世纪90年代以来，便停止了活动。对此，思想政治理论课教师意见较大，希望尽快成立各学科教学研究会并开展活动。而一旦组建了教学研究会，每年即使是召开一次年会，其对教师传统文化素养的提高作用也是不可低估的。多途径、多层次、多方位地开展全国、区域和校内的课程设置、教学内容、教学方法的研究是建立合理教育教学体系的科学保证，也是锻炼教师、提高教师传统文化水平的有效途径。

（三）教师互帮互学，倡导集体备课

教师积极性的发挥是教师提高教学水平的内在动力。传统文化融入高校思想政治教育是一项新事业，也是一项重要的奠基性事业。而一些多年从事教学的教师，不愿意放弃原来的课程来讲授传统文化，一些新教师又不能够满足教学需要。因此，学校应该利用考核、晋职、奖励等多种精神鼓励和物质刺激的手段，充分调动教师的积极性和创造性，使他们乐于讲授传统文化，严于要求自己，不断提高自身素质。为了确保思想政治理论课教学一个声音，防止自由主义，所以不论专职教师还是兼职教师，不论是新教师还是老教师，一律实行"集体备课，备教材，备学生，备理论"，从而使全校的思想政治理论课教学保持高度的一致性。同时，集体备课可以达到互相交流、互相启发、互相学习的目的，对提高教师尤其是青年教师的传统文化教学水平、对提高教育教学质量能起到积极作用。高校应大力"倡导团队攻关精神，发挥集体作战优势"，强化教师的"教研室意识和教师意识"，努力营造科研氛围，提高教师教学的科研水平。

三、加强科研与教师队伍建设，提高科研与教学能力

中国传统文化与思想政治教育这一研究方向，要求教师与相关研究者应至少具备两方面的专业学术能力：一是深厚的中国传统文化功底，其要求能够恰当地运用中国哲学的研究方法诠释传统典籍，并能够呈现中国古代文化思想的真实面目，避免当前的泛泛而论与牵强附会的现象；二是必须对思想政治教育原理有深入的了解，同时能够正确、及时地把握党的方针、政策与路线，坚持以马克思主义立场为传统文化研究的指导。研究者只有同时具备这两个方面的素养，才有可能获得高质量的成果。然而目前在中国传统文化融入高校思想政治教育中，真正能同时达到这两方面要求的学者少之又少，这也是目前相关研究领域存在的一个重要问题。因此，我们必须加强这一研究领域的科研与教师队伍建设。在高校思想政治教育的实践活动和实施过程中，思想政治理论课教师发挥着不可取代的作用。

（一）校园优秀传统文化课堂教学活动的实施者

深入开展中华民族优良传统和中国革命传统教育，是帮助大学生树立正确的世界观、人生观、价值观的主阵地。当然，在这样的一个过程里，大学生并不是孤立的个体，毕竟教育是需要教师和学生一起来努力完成的，师生协同作

战才能建构起完整的知识体系，教师在其中是主导者，是中国传统文化的梳理者和传授者。正确的知行合一是大学生思想政治教育和优秀传统文化所追求的理想目标，在此过程中，教师要充分体现出成熟主体的主导和示范作用，以自身的言传身教来影响和教育学生，切忌照本宣科、循规蹈矩、僵化保守，这样最终会影响到课堂教育教学的效果。

（二）校园优秀传统文化教育方向的引领者

在高校思想政治教育课中，开展优秀传统文化教育是社会主义现代化建设的需要。在建设中国特色社会主义事业的过程中，如果没有对优秀传统文化的继承和弘扬，中国的社会主义现代化建设就会因失去历史的基础而难以更好地推进。有了教师对教学内容的选择和把握，中国传统文化教育的内容和方向才不会偏离高校思想政治教育课教育的目标，才不会违背党和国家的教育方针和政策。可以说，优秀传统文化教育在方向性、思想性、政治性上的特定规定性，要求教师在进行优秀传统文化教育时，要对大学生进行思想上的指引，要使学生明白哪些是符合时代需要的部分，哪些是需要淘汰的部分。在高校思想政治教育课上进行优秀传统文化教育时，教师应让学生明白，进行优秀传统文化教育是培养大学生民族意识的需要，是大学生全面发展的需要。中国传统文化是大学生思想政治教育的思想沃土，中国大学生思想政治教育有着其所属时代的指导思想。教师应该挖掘中国传统文化中的思想道德资源，以优秀传统文化为载体引导今天的大学生用整体的眼光和思维去看待问题，走出专业壁垒，更加全面地去给自己"通识性充电"，以激发学生更加广泛的学习和探究兴趣，而不是只限于自己的学科和专业，大而空，小而狭，均不足取。同时注重心性的提升，真正意识到求真与求善、致知与修为的共通关系，重新评估自身的价值，正确定位自己，树立科学的世界观、人生观和价值观，在求学求知的过程中不忘本心，尊德崇德。总而言之，中国传统文化既是中华民族的根，又是每一个炎黄子孙的根，对大学生进行优秀传统文化教育，一方面，可以强化大学生的中华民族身份认同感，这对大学生抵制西方堕落的资产阶级文化的影响，有着非常重要的意义；另一方面，教师也要结合当今社会的特点，对优秀传统文化做出合乎社会需要的新的诠释，确保优秀传统文化教育的社会主义方向。

（三）校园优秀传统文化建设的引导者

如果说中国传统文化的教学是一座冰山，那么课堂教学就只是这个冰山的一部分。对学生而言，大部分优秀的中国传统文化知识，还是要通过课外的途径来获得。起初，中国传统文化的相关知识或其他知识都只是信息形式，还没有对学生的思想过程产生实质性的影响。在校园内外开展传统文化活动是传统文化普及的重要途径，各个高校应该对此引起必要的重视，并形成新的教育方向。思想政治理论课教师更是其中的重要设计者，各种学术、科技体育、辩论赛都可以进行，其应该将德智体各项教育有机地结合起来，将教育寓于活动之中，主旨是让学生们接受并热爱中国传统文化，形成符合中国社会主义建设的思想品德修养。

第三节　在校园文化与社会实践中渗透传统文化

一、关于增加校园文化建设中的优秀传统文化元素

（一）重视校园基础设施建设中优秀传统文化元素的融入

环境对人的影响是潜移默化的，校园文化作为学生在大学期间接触最多的环境，对大学生的教育意义不言而喻。校园文化也是高校思想政治教育的重要载体，在高校传统文化教育的过程中发挥着重要的作用。加强高校校园文化建设，将传统文化融入校园文化中是高校传统文化教育取得成功的重要保证。校园基础设施建设属于校园物质文化范畴，即校园的建筑风格、布局式样等，是最能直观体现校园文化的部分。首先，可以在学校教学楼、寝室等校园主体建筑中加入与传统文化有关的元素，如可以选取一两个教学楼，将其建成中式风格，作为传统文化教育基地，使学生可以从中国传统的建筑风格中感受传统文化所具有的创造力和想象力。可以将寝室的内部结构装修成中国传统风格，提供给对传统文化感兴趣的同学。其次，可以在校园的景观环境建设中通过对建筑、人文、植物三方面的合理布局，来体现中国传统文化"天人合一"的和谐自然观。可以在校园中雕刻一些中国古代历史人物的雕像，如教育家孔子、爱国将领岳飞等。还可以建造一些具有传统文化气息的景观，如亭子、长廊等，在这些建筑的内部，可以采用中国传统文化的元素。最后，在教学楼或寝室楼楼道的墙上或是校园的宣传栏中可以添加传统文化的名人事迹，或名人名言，从而将传统文化的元素融入校园的每一个角落。

（二）重视开展与优秀传统文化相关的各项学生活动

校园活动可以丰富学生的生活，给学生提供一个展示自我风采、结交更多新朋友的机会。学生在活动中可以学到各种知识，可以培养自己的团队协作能

力、沟通和交流能力，磨炼自己的意志。高校思想政治教育在这方面已经取得了显著的进步。高校传统文化教育同样应该加强对校园活动这种教育方式的利用，调动和激发学生学习传统文化的动力。一方面，中国的许多节日都是在传统文化的影响下形成的，学校可以以传统文化节日为切入点，开展有关传统文化的纪念活动，使学生们了解各个传统佳节的由来，学习其中的传统文化知识，从而加深对节日的理解。还可以开设国学系列讲座，邀请传统文化研究方面的专家和学者到学校为学生和老师进行传统文化内容的讲解，与学生们近距离地接触和交流。学校可以举办传统文化演讲比赛、知识竞赛等活动，使学生在活动中感受传统文化，学习传统文化。另一方面，学校可以举办各种文艺演出，排演传统文化内容的话剧、歌舞剧等。同时，还应该不定期地带领学生走出校园，参观历史博物馆、文化古迹，实际感受传统文化的无穷魅力。

（三）重视将中国优秀传统文化的思想渗透在其他学科中

方法论属于哲学，是思考问题、解决问题的钥匙。社会的发展，要求大学培养的人才既要有高素质，又要有高水平的专业技术，这一市场作用力作用于高校，使大学不得不进行改革。这种复合型人才的培养既要求个体对专业知识专攻，夯实基础，又要求其对其他的学科触类旁通。教师不能把思想政治教育的任务完全强加于思想教育课本身，它需要各个学科协同工作，以思想政治教育课为主导，多个学科辅助，真正地将思想政治教育融入学生的学习和生活中的各个方面。

二、关于打造传统文化与社会实践融合的共享平台

（一）积极营造良好的中国传统文化氛围

从几千年的历史发展过程中看，任何国家和民族在任何时代的文化发展，都要建立在重视和弘扬自己传统文化的基础上。不重视和弘扬自己的传统文化，就等于丢掉自己的根、自己的魂，最后会变得像无头苍蝇一样，找不到发展的方向。作为中国传统文化教育的领导者和推动者，国家和政府要在思想上高度重视中国传统文化教育在全社会的推广工作，要重视对中国传统文化资源的挖掘和运用，在全社会开展丰富多彩的中国传统文化活动，并配以相应的制度建设，通过起草出台加强传统文化教育的文件，从领导体制、规章制度、经费投入等方面为其提供制度保障，确保中国传统文化教育活动能够在全社会持续稳定地开展下去。

就具体实施层面来讲，相关部门可以通过加强对我国非物质文化遗产的保护和宣传，完善法规、制度措施，强化全民保护意识，培养弘扬传统文化的社会风气和良好习惯；可以通过拓展传统文化的舆论空间，在学校、工厂、军营、车站、机场、码头等各种公共场所，设置标语、图片、宣传画等，展示中国传统文化，使人们生活在中国传统文化的氛围中，时时刻刻能接受传统文化的教育，感受传统文化的魅力；可以通过新闻媒体设专栏、办专刊，介绍中国传统文化，开展传统文化研讨活动，加大宣传力度，展示传统文化之美，形成舆论环境；可以开展以弘扬传统文化为主题的创作演出活动，使传统文化走上艺术舞台，进入影视节目和文学作品，在潜移默化中培养人们对中国传统文化的兴趣与爱好，使人们接受传统文化知识；可以引导和支持广大社会团体、公共部门，最大可能地开放相关资源，使越来越多的人走进历史文化场所、走向文化舞台、亲近传统文化等。只有全社会都形成了正视、重视中国传统文化的良好氛围，才能使传统文化更好地融入思想政治教育，中国传统文化与思想政治教育的融合，就不仅是应然之态，更是实然之举。

（二）积极开展社会实践教学

要想使思想政治理论课教学取得实效，高校就应该将课堂教育和社会实践教学结合起来，在实践中，让大学生们主动去认知、主动去践行中国传统文化中的思想美德和优良道德。传统文化的实践体验能从根本上改变人们对教学教育的认识，因为教育本质上是一种文化现象，脱离了文化的教育只能是苍白的、乏力的。中国传统文化能够传承今日，生生不息，与其"人文化成的创造精神，刚柔相济的辩证精神，究问天人的探索精神，厚德载物的人文精神，'和'而不同的会通精神，天下为公的责任精神"是密不可分的，这些精神依然潜在深刻地影响着国人的思辨、情感和价值观，依然是人们的精神命脉。在全球信息化的今天，面对西方文化和网络文化等多元文化的冲击，各类思潮迭起，大学生的道德情感、价值观念、精神追求常常受到影响，大学生的思想政治教育面临的环境越来越复杂，任务越来越艰巨，如何固本清源、重建今日大学生之思想基础、道德基础，树立文化自信和价值观自信，是迫切需要解决的问题。

开展传统文化教育，立足于传统文化，有利于改变思想政治教育脱离传统、脱离生活的弊端，且能够为思想政治教育提供丰富的资源。传统文化体验或实践教育，实际上是使学生和社会生活衔接在一起的教育，学生在参与中容易有情感上的认同和精神上的升华。要从时代文化生态、传统文化生态和个体需求生态的视野重新界定传统文化教育过程中出现的关系，重新厘定传统文化教育课程和教材的价值及功能定位，使学生在现实体验的场域中深度领悟文化精神和生活实践的关系。而体现在实践中的形式也是丰富多样的，例如，在端午节时，通过组织学生包粽子、佩戴香包、折纸龙舟、编五色线等，纪念屈原，引导学生体会其忧国忧民的爱国精神和伟大的家国情怀，同时感受传统节日的文化魅力。此外，各个高校也应鼓励大学生自己参加一些社会实践，从思想政治教育的被动接受者变为主动参与者，甚至是主动传播者，使他们懂得践行优秀思想道德观念的美好。同时，很多高校还可以此为契机，与实践地区的政府、企业或乡村建立实践关系，使传统文化的传播活动日常化。高校可以在当地建立文化讲堂，鼓励教师带领学生团队使"文化下乡"常态化，使团队成员梯队递补化，使学生在文化的讲述与传播中，深刻领会传统文化的魅力与内涵。在实践的过程中，高校也可以积极引导学生进行关于中国传统文化或各地区非物质文化遗产的搜集整理和调研工作，通过实地的社会调研，了解对中国传统文化的传承、保护和宣传工作，通过调研提升学生对传统文化的学习能力，挖掘优秀传统文化的价值与意义，并根据实际情况提出合理化的建议，为传统文化的传承与传播做出应有的贡献。

总的来说，在将中国传统文化融入高校思想政治教育的实践中，高校要充分利用各种传统文化的资源，搭建各级各类社会实践平台，使学生在教师的指导下，能够将优秀传统文化的学习和实践入脑、入心，同时结合传统文化中蕴含的积极向上的内容，全方位地引导大学生，在学习传统文化知识、体验传统文化仪式、分享传统文化精髓、认同传统文化魅力、增强传统文化自信、传承传统文化正能量等方面，使其有所习，有所悟，有所思，有所得，有所鉴，从而能够形成正确的思想道德观念，正确的世界观、人生观和价值观，进一步提升其人文素养和文化领悟感知能力，使其成为中国优秀传统文化的忠实传承者和弘扬者。

三、关于加强政府对中国优秀传统文化的重视和引导

中国优秀传统文化的传承，必须要有政府机构的积极扶持与管理。政府部门要制订具有权威性的中国优秀传统文化的管理规定，要持续加强管理，要有高效的组织和强有力的领导，切实抓好各项工作并贯彻落实，真正履行职责。各单位要强化组织协调，加强宣传力度，建立促进中国优秀传统文化事业的法规和规定。

第四节　充分利用媒体手段促进传统文化与高校思想政治的融合

一、新媒体的特征和作用

"媒体"这一名词最早出现于 19 世纪末 20 世纪初，起源于拉丁语"Medium"，有媒介的意思。媒体和媒介这两个词，有一定的差别，媒介是整体的抽象名词，而媒体则是个体的具象名词。这里讨论的媒体有两种意思，其一是能够储存信息的实体设备，如我们常用的光盘、计算机的硬盘，另外一种是传播信息的载体，如表现信息的文字、视频。媒体不仅是直接向接受者传递信息携带通信符号的物理实体，而且还包含了其传递给接受者的所有内容。新媒体的快速发展，改变了人们的生活、交流方式。

与传统媒体相比，新型的网络媒体具有整合性和立体性特征。在传播形式上，传统媒体只能把信息进行平面化处理，或者只能将信息以某一种形式进行展示，比如，书法作品，纸质媒体只能以文字介绍作品内容、背景以及相关知识等，电视媒体可以更丰富一点，但也只是看起来更直观罢了。而网络媒体既可以整合上述两类形式，又可以围绕核心，增加无数链接，构建无数知识网络，将不同形式的媒介信息整合在一起，满足受众多样化的需求，带给受众前所未有的感官体验。这种多形式信息的融合，使原本单一的内容，有了多维度的展示空间，这就为传统文化的创新发展提供了有利条件。就个人使用而言，新型的网络媒体提供了展示个性的空间和载体。从微博、微信公众号等平台出发，每个人都可以有个人特色的展示，这种展示简单易行，而且传播广泛，甚至可以在受众群体中产生深刻的影响。现在活跃在微博上的"网络大 V"，就是这一点的最好例证。所谓"网络大 V"，V 指经微博个人认证获得的身份标识。网络大 V 指拥有粉丝在 50 万以上的微博用户。这些大 V，有的是业界有影响力的学者，有的是行业里的翘楚，当然也有普通人，因为在某一方面有突出特色，被受众接受认可，逐渐发展成为大 V。这部分人的影响力非常广泛，他们所发布的信息，往往有几十万上百万的传播量，这种影响的广度是惊人的，而且这种影响力的传播速度更为惊人，其往往在瞬间就可以四散而去，短时间内就能成为被社会广泛关注的内容。这就是新型网络媒体的力量。

具体到高校工作领域，网络媒体的力量更加突出。作为青年人聚集区，高校是网络媒体使用最广泛的领域。青年学生是最喜欢使用网络媒体的群体，尤其是随着智能手机的发展，移动网络的普及更是将这一特点突显得淋漓尽致。课堂上放不下手机，就是这种情况的反面例证，也证明了网络对青年人的吸引力是何等惊人。在高校学生群体中，如果不使用网络，不进行网络购物，不进行网络信息的获取，那情况简直是难以想象的。这样的现实情况，也对高校进行思想政治教育提出了新的要求，如何抢占网络教育阵地，成了所有高校共同面临的问题，这也是一个难以回避和不可绕过的问题，各高校应该抓住这一难得的历史时机，把握技术发展给文化传播带来的机遇，同时也迎接技术时代带来的挑战，勇于转换思路，善于把握时机，敢于开拓创新，充分借助网络媒体的传播力量，将中国传统文化的传播推向一个全新的高度，成为青年学生喜闻乐见、触手可及的生活学习内容。使用新媒体推动传统文化的发展，就要把握新媒体在传统文化发展中的实际作用。

（一）新媒体为传统文化的传播提供了历史机遇

中国传统文化历经岁月的千淘万漉，形成了一套非常完整的社会思想道德规范体系，其本身包容汇通的特点，使得其自身不断凝练、整合、更新，所表现出的道德规范、思维方式和价值体系，不但有很强的历史性和遗传性，而且还有鲜活的变异性和现实性。中华民族传统文化内容丰富，博大精深，是中国人民最宝贵的精神财富。一代又一代的中国人民在传统文化的影响下，创造了我国灿烂的历史。但是随着社会的发展、生活节奏的不断加快，经济追求成为主流内容，许多传统文化内容逐渐被人淡忘，传统道德价值观念被当成过时的内容而被摈弃，社会风气越来越浮躁，价值标准越来越模糊，个体行为越来越缺乏内在指导，生活中开始出现越来越多令人唏嘘的"缺德"事件。这种情况的出现，是时代发展带来的必然结果。从整个历史发展进程来看，每个不同的历史阶段，都有不同的特点特性。中国传统文化发展的过程也出现了这种情况。在现代社会里，人们若要重视传统文化的传播，就要把握时代特点，使其与现实情况相结合。在以电视媒体、纸质媒体为主流的时代，进行传统文化的宣传和传播，要有其相应的方式。那么，到了新媒体时代，传统文化的传播和宣传，难道不应该有新的特点吗？事实已经证明，新媒体的传播速度和广度，绝非传统媒体所能相比。我们在现代进行传统文化的传播，要借助新媒体的力量。要在把握传统文化特质的前提下，坚持文化传承，积极运用新媒体对传统文化进行内涵意蕴和价值取向的创新传播，要充分展示中华民族传统文化的自尊、自信，要充分体现传统文化历经千年而不改其内心的生命力，要明确表达传统文化包容开放、与时俱进的发展力，要积极挖掘符合时代特点、推动社会发展的新动力。要善于抓住新媒体发展的黄金期，把传统文化的主要宣传阵地由传统媒体转向新媒体，使更多的群众看到国家弘扬中国传统文化的决心，这将会对和谐社会的建设产生巨大的推进力，将会更好地帮助我国安稳地度过社会转型期。

（二）新媒体提升了传统文化传播的准确性

从媒体的运作形式来看，传统媒体形式相对单一，而且因为行业规范建设的要求，其在内容设定上有特定的规则约束，不能被随意更改。这种特点，在赋予了传统媒体权威的同时，也带来了形式的单一和相对呆板。在传统文化传播中，传统媒体设置了如公益广告、文化宣传类节目等，且收到了很好的效果，但也缺乏目标的准确性，只能是无差别覆盖式的传播，无法做到分类覆盖。循环播放的公益广告并不能抓住主流观众的内心诉求，反而其频繁的播放会引起观众的反感以及逆反心理，最终造成了宣传效果不佳、出力不讨好的尴尬局面。而新媒体的一大优势是内容投放的准确性。基于对大数据的分析，新媒体可以精确地将目标对象按照职业、年龄、性别进行分类，并制作适合其特征的宣传内容，将恰当的宣传内容投放至正确的观众眼前，这最大限度地提升了受众的接受程度。同时，制作精良的精确投放内容可以激起目标对象的共鸣，让文化传播不只是流于表面，而是切实地影响到每一个人。应该说明的是，这种传播方式的创新，是传播手段的创新，目的是进行创造性的转化，让传统文化在新时代展现出新的生命力，体现传统文化的传承、发展与超越，这不是内容和原则的改变，不能以彻底地颠覆传统文化趋向为目标。要对传统文化进行辩证分析和科学扬弃，注重挖掘传统文化中的现代启蒙意义，探寻传统文化与现代文化的结合点。

（三）新媒体提升了传统文化传播的交互性

媒体具有交互性的特点，在传统媒体时代，这种交互性就已经存在了。如报刊的群众来信、编辑人员与读者的交流就是二者的互动；电视、广播中的观众或听众连线，也使受众与主持人、电视台或电台能够进行互动。但是由于时间、空间、技术等各方面因素的制约，传统技术条件下的交互性不能得到充分体现。观众连线往往有人为设计的情况，真实性不高。这些交互行为不能起到很好的效果，更不用说有益的作用了。而在新媒体时代，这种情况得到了有效的改观。中国文化有着五千年的历史，源远流长，博大精深。古老的岁月蕴藏着无尽的财富，而中华民族文化便是这样一座开掘不尽的富矿。文化包含一个民族长期积累形成的深层的心理积淀，如同名胜古迹一样，时间愈久远，愈发具有价值，就像一棵根深叶茂的千年古树，一切现代文明都可以在这棵大树上嫁接成功。中华五千年的文化是博大精深的，每一句话都凝集了先人无限的智慧。大力弘扬优秀传统文化，可以使大学生接受中华民族优秀传统文化的熏陶，进而提高自身修养，自觉养成良好的行为习惯，树立正确的世界观、人生观和价值观。人要勇于担当、有责任感，如此才能做一个大写的人，才能顶天立地。具有中华民族传统美德的先进人物是不少年轻人的偶像。而当前，且不说体育娱乐明星在年轻人心中的地位，就连网上一些或是有趣或是富有创造力的草根也成了许多年轻人追捧的对象。究其原因，正是新媒体突出的交互特性导致了这一现象的出现。而在新媒体时代，公众人物可以随时通过网络与群众进行交流，同时群众也可以快速了解到他们的最新动态。自媒体时代的到来，更是将公众人物的影响力推到了顶峰。公众人物不再是高高在上、不可触及的了，而是走下神坛的身边人物，这种变化将公众人物的魅力提升到前所未有的高度。比如，有些活动仅仅通过微博这一媒体，每日的评论和转发量就是数以亿计，这种影响是难以想象的。这种交互性带来的惊人影响力，已经体现在了社会生活的方方面面。这对传统文化的传播，是有极大的提升力和推动力的。

（四）新媒体为传统文化传播提供了多样的形式

新媒体技术能够使交流方便快捷，能够创造一种活跃、轻松、愉悦的氛围，能够感染和激发大学生的求知欲和想象力，使教育内容变得生动有趣，使学生在形象、生动、直观的情境中升华思想，在图文并茂、声情融汇的语境中感知教育信息，最大限度地调动学生获取信息的主动性、自主性和参与性。表现形式相对单一是传统媒体在中国传统文化的传播上受到阻碍的原因之一。自广播、电视代替报纸成为主要媒体走进千家万户、传统文化的传播经历了短暂的蜜月期后，人们的资讯获取方式便从传统的文字媒体进入了影像时代。当人们沉醉于广播电视技术带来的视听盛宴时，传统文化的宣传形式也适时地进行了升级，越来越多的公益广告、文化类节目、公益晚会便开始进入人们的视线。在这个阶段，传统文化推广的转型是十分恰当的，取得的成效也是十分显著的。现在各种媒体的调查报告都显示，广播电视等传统媒体的观众数量正逐年降低。对于致力于传播中国传统文化的工作者来说，其应该清楚地认识到技术更迭的历史必然性。现在已经到了改变传统文化传播形式的关键时间点。新媒体不仅可以提供传统媒体所能提供的一切表现形式，而且还可以提供互动 App、资源点播等，使传统文化传播的质量能够上升一个台阶。新媒体自身就具有极大的自由度，可以提供多种展示形式。它结合自身灵活传播的优势，能够源源不断地为受众提供符合使用习惯和现实需求的表现形式，充分展示互联网传播"快速、直接、新颖"的这几点特性，有效地打破传统媒体单一的"文＋图"模式，将传播效果更为立体直观地展示出来，用新颖的传播方式为传播效果带来更广的辐射范围。

二、新媒体时代思想政治教育的新特征

用观念影响他人并指挥其行动，不是简单地将观念的内容传达或者告知他人就可以的，甚至并不是让这种观念进入对方脑海。唯物史观强调"始终站在现实历史的基础上，不是从观念出发来解释实践，而是从物质实践出发来解释各种观念形态"。在信息时代，由于高校思想政治教育内外的技术基础和生态变化，高校思想政治教育实践正在发生重大变化。网络媒体的出现、信息传播和交互使用的便捷，能够为高校思想政治教育工作提供新的工作方式和形式，这无疑是思想政治教育工作面临的新的历史条件和环境情况。但是也要充分意识到，这种新情况势必会带来新的变化，这需要从事思想政治教育的人员在新媒体环境下能够进一步认识高校思想政治教育的新特点，以培养人才为根本目的，准确把握新时期高校思想政治教育的发展趋势，明确信息化条件下高校思想政治教育中存在的各种矛盾和关系，提出有针对性的对策和措施，这是保证思想政治教育取得实效的必然要求。

信息网络既是一种载体，也是一种环境，是人类现实外延的虚拟存在和生活方式。交往活动是高校思想政治教育关系的根源。从信息交流角度看，高校思想政治教育活动是教育者与受教育者之间的互动。在教育活动过程中，两者由教育介体联系起来，形成"主体—客体—主体"的人际关系。信息交流的变革与转型，是高校思想政治教育发展变化的真正生态。高校思想政治教育主体间转型的前提是高校思想政治教育内外生态环境的转变。随着信息技术的飞速发展和广泛应用，高校思想政治教育中的主体与客体的交流已经从虚拟互动转变为社会互动。"身份符号"的中介传播已经成为思想政治教育中主体与客体交流的重要方式。新媒体环境下高校思想政治教育要以特殊存在方式为基础。在信息交换实践创造的新的内外部教育环境的基础上，高校思想政治教育应以虚拟哲学与现实哲学的结合为指导，以促进思想政治教育的发展教育实践。从信息交流与实践的角度看，高校思想政治教育要充分运用新的技术手段，营造良好的教育环境，充分发挥信息技术优势，更广泛、更快、更多地推进高校思想政治教育手段和方法的改革和发展。要准确把握新媒体时代高等学校的主客

体动态，及时客观、认真评估教育主体和客体的思想和行为，适时调整教育观念、教育内容、教育方法，不断增强教育的亲和力、吸引力和凝聚力。新媒体环境下的高校思想政治教育是伴随着信息技术的发展和应用而形成的思想政治教育的新概念和新模式。它不仅是一种基于信息网络技术的思想政治教育，而且是帮助人们通过教育正确认识、宣传和创造信息，充分利用信息技术发展带来的优势，力求使每个大学生都能成为具体信息人。

（一）主体之新

高校思想政治教育的主体，即教育者，是按照一定的社会要求，有目的、有系统、有组织地对教育对象产生教育影响的个人或团体。新媒体环境下高校思想政治教育的主体是利用信息技术灌输和引导受教育者或教育对象的人或群体，因为每个使用信息技术的个人或团体都可能成为教育的主体，新媒体环境下高校思想政治教育的主体趋于扩大和延伸。新媒体在为大学生提供学习和交流的新工具和新平台的同时，也为思想政治教育工作者开通了更多了解学生思想状况的渠道。从新媒体信息容量大、资源丰富、传播迅速、交互性强、覆盖面广、形式多元等优势来看，新媒体为促进思想政治教育内在效果的实现提供了机遇。在交往的角度上，思想政治教育的主体在高校是传播教育信息的守门人。他们创造、监督和控制网络信息，是信息传播者和思想政治教育者的双重叠加。但是，由于信息社会的多样化和自由化，思想政治教育的主体是处在新媒体环境下的，这是其与传统教育形式最大的不同，而且很有可能是两者差异产生的决定性因素。在新媒体环境下，高校思想政治教育的主体往往没有具体的身份，甚至不被称为"教育者"，而且他们自己也有非主观的特征。他们在教育过程中往往不靠"说服"，而靠"选择"和"引导"，这是与以往传统教育形式的区别，没有了面对面的交流，没有了口耳相传的认同，没有了直面彼此的密切，要想使对方认可自己，仅仅靠道理的阐释是无法做到的，只能设法通过展示形式，取得对方的认可，然后通过自我的审定，引导对方选择自己想要传达的内涵。在新媒体环境下，高校思想政治教育中的主体有同样的地位，没有等级关系，而且教育主客体之间的地位也是平等的。因此，教育主体要更具亲和力和人情味，不能再有高高在上的姿态，更不能简单地以说教的形式，只有把自己置于与受教对象同等的地位，体会对方的感受，了解对方的需求，才可以提高学校思想政治教育的有效性，达到双方认同的效果。

（二）客体之新

高校思想政治教育的受教育者，指接受思想政治教育的对象。以前进行思想政治教育，对象是明确的、易于把握的，就是参加教育活动的青年人。但到了新媒体时代，高校思想政治教育工作的环境发生了很大的变化。这种客体组织，与原来的组织相比，边缘模糊了。也就是说现代青年参加思想政治教育工作，不再是单纯的被动听取，因为新媒体时代信息手段的发展和进步，人人都可以作为信息的使用者和发布者，在互联网环境中，青年人更熟悉网络运行，更了解网络规则，更能使用新媒体时代的需求。在网络上，他们根据自己的喜好来选择想要的信息，没有人和力量能强迫他做出选择。从这个意义上来说，教育客体不是一直是客体，在某种情境下，客体会发生变化，变成信息的发布者，变成教育的实行者。这种发布和实行，很有可能会对主体施加影响，最终导致主体地位发生变化。这为新时代思想政治工作提出了新要求，也增加了工作难度。在新媒体环境下，高校思想政治教育主体与客体的关系，呈现出以下明显的特点和趋势：一方面，受教育者或教育客体通过信息网络积极发挥其主体性，表达自己的主体性意见和建议，从而成为教育的主体。另一方面，教育者或教育主体发挥其客体性，利用信息网络寻找自己的知识和信息需求，理解和接受有关的理论和思想。在新媒体视野下的高校思想政治教育主客体，立足于信息交流的实践，发掘信息价值，通过及时的交流与互动，通过主客体之间的对话实现双方的沟通、交流和发展的目的，教育主客体的地位变得更为平等，沟通变得更加及时、快捷。

（三）环体之新

高校思想政治教育的整个环境就是教育环体，是影响高校思想政治教育进程的一切内外因素和条件的总和。现在的高校思想政治教育环境和以前的教育环境有着诸多不同，现在是一个新媒体的时代，信息繁杂，信息传播速度快，传播时间短，信息共享度高，互动明显，能做到实时沟通。在新媒体时代，由于新媒体技术的广泛运用，现实生活中的每一个人既可以成为一个传播载体或消息源，又可以成为一个受众，传者和受众的角色大多是虚拟的，信息交流的双方均由未知的符号代替，这使得新媒体信息变得复杂多变，人际关系具有虚拟性。这种虚拟性虽然大大弱化了门户对消息的控制，但对加强大学生思想政治教育无疑是个机遇。原有的传播方式受到很大的冲击，在这种环境下，高校思想政治教育环体，呈现出新特点，具有共享性强、互动性强、沟通便捷、信息海量等特点和特征。整个环境成为一个相对透明的公众信息交换平台，所有置身其中的人，都可以按照自我的需求，进行信息传播和交换，没有人能够完全掌控整体情况，这也是新媒体时代特点的集中反映，人人都成了媒体的主人，都可以通过自媒体进行信息发布、转换和传导。学校只能就发展趋势进行引导和把握，不能通过行政手段进行直接的管理。这就要求我们把握新形势下的思想政治教育的新特点、教育主体和教育客体的新特点，注重系统整合思想政治教育资源，全面把握和形成高校思想政治教育的合力，加大对主流价值观的传播力度，提高大学生的思想道德素质，增强高校思想政治教育的实效性。

（四）介体之新

高校思想政治教育介体，即教育内容和教育方法，指的是在一定的教育环体中，教育主体用来影响教育客体、对教育客体进行主流价值观念灌输与引导所使用的各种方式和手段的总和。信息化使高校思想政治教育传播速度加快，范围变广。互联网的广泛使用，使交互式远程教育成为常态，不再受空间和时间的局限，能够为新时期高校思想政治教育提供广泛的传播渠道。在信息时代的大背景下，高等教育空间已经成为一个开放的、全民教育的新区域。在海量信息充分交换的视角下，高校思想政治教育呈现出新的特点：更多样化的新媒体技术使高校思想政治教育的内容从平面到了立体、从静态到了动态、从单向到了多向，成为教育主客体之间相互转化、共同发展的包容性空间，能够承载更多样化的需求。这种多维度的传播方式，使高校思想政治教育的内容更加丰富和全面，使参与双方都有了更多的选择。这也给新时期思想政治教育提出了新的要求，要在教育过程中注重信息技术的科技价值属性与人文价值属性的融合，要使教育内容不断更新调整、教育形式不断与时俱进，要使高校思想政治教育能够根据实际需求，不断更新形式，更加生动活泼，更加有利于思想政治教育的改进，从而提高思想政治教育的针对性和有效性。

三、新媒体环境下传统文化融入高校思想政治教育的手段

随着互联网的快速发展，人们被卷入了全民移动互联时代，网络已经成了人们生活中不可缺少的重要内容，甚至可以说是赖以生存的重要依靠了。随着智能手机的普及，手机应用的功能越来越强大，丰富的各种应用程序渐渐走进人们的生活。这些种类繁多、功能超强、简单易用的应用软件，对现代人的生活学习需求进行了全方位、多层次的覆盖。这种几乎无所不包的覆盖，对传统生活模式有着颠覆性的影响。在这样一个时代，人人都可以成为网络的主人，人人都可以成为世界的焦点，人人都能掀起一场影响全社会的变革。网络已经把这种可能性放在了每个人手里，成为个人展示自我的新型媒体。在这种新媒体盛行的时代，传统媒体的影响力正在逐渐减弱，其传播力度、广度、深度，

都难以与新媒体相匹敌。尤为突出的是，对碎片时间的高利用率的这一优势，使得移动互联网的新媒体技术成了许多人获取资讯的唯一选择。在这样的环境下，将传统文化融入现代思想政治教育，既无法离开新媒体的支持，也不能脱离对新媒体的依靠。十八大提出了"建设优秀传统文化传承体系"的战略，使新媒体在这一过程中扮演的角色，更加明显和突出。新媒体的很多特性，都为人们推进传统文化的普及和传播，提供了全新的思路。新媒体在促进传统文化与高校思想政治教育相融合的过程中，也对思想政治教育工作者提出了新的要求：第一，新媒体技术的多元化，要推动大学生思想政治教育转变教育观念，创新发展理念。第二，新媒体技术的信息无序性，要求大学生思想政治教育要加强正面引导，注重舆情监控。第三，新媒体技术的主客体平等性，要求大学生思想政治教育要坚持以人为本。

参考文献

[1]谢丹. 传统文化视域下的高校思想政治教育 [M]. 北京：九州出版社，2018.

[2]宋元林. 中国传统文化与思想政治教育研究 [M]. 长沙：湖南大学出版社，2012.

[3]石蕊，胡薇，吴小平. 传统文化视角下高校思想政治教育研究 [M]. 北京：中国纺织出版社，2018.

[4]徐永春. 中国传统文化与思想政治教育 [M]. 北京：光明日报出版社，2016.

[5]鲁力. 中国传统文化的思想政治教育价值研究 [M]. 北京：中国社会科学出版社，2017.

[6]马敬. 高校思想政治教育中的文化融入 [M]. 长春：吉林大学出版社，2017.

[7]崔猛. 基于优秀传统文化视角论新时代高校思想政治教育的路径 [J]. 高校学生工作研究，2018，2（02）.

[8]史菲. 优秀传统文化在大学生思想政治教育中的应用 [J]. 时代农机，2018，45（12）.

[9]郭玲，武宁，梁朋. 中华优秀传统文化融入当代高校思想政治教育研究 [J]. 文化创新比较研究，2018，2（36）.

[10]刘新. 浅议中国传统文化和大学生思想政治教育 [J]. 才智，2018（35）.

[11]张红旗. 大学生思想政治教育中传统文化的应用探讨 [J]. 智库时代，2018（48）.